SCHULZ UND SCHULZ

Die Inspirationen und die architektonische Kultur einzelner Architekten in Europa zu dokumentieren und zusammenzuführen, das ist das Ziel der Reihe *De aedibus international*. So können wir seit 2009 architektonische Brennpunkte der jüngeren europäischen Architekturgeschichte wie etwa London, die Beneluxstaaten, Deutschland, Österreich und Südtirol mit einzelnen Bänden erreichen. Die Reihe wird in ihrer Kontinuität gleichsam zu einem Gedächtnis der Architektur, das die Werke dem Vergessen entzieht. Von jedem der mit hohem Qualitätsanspruch ausgewählten Architekten und Architektenteams werden die wichtigsten Bauten festgehalten, ausführlich dargestellt und dokumentiert. Jeder Band dient auch der Reflexion über den architektonischen Willen, der hinter den Projekten steht. So sind in dieser Reihe bereits etliche namhafte Kritiker aus verschiedenen Ländern zu Wort gekommen.

Der Hauptteil in jedem Band widmet sich dagegen der Welt der Anschauung. So sind jeweils anhand von Bildern und Plänen einige bemerkenswerte Bauten dargestellt, die nicht einer routinierten «Produktion» entsprungen sind. Vielmehr steht hinter jedem Entwurf eine leidenschaftliche Auseinandersetzung mit der Aufgabe und deren Prämissen.

Heinz Wirz
Verleger

The *De aedibus international* series aims to document and compile the inspirations and architectural culture of individual architects in Europe. Since 2009, we have published individual volumes on hotspots of European architectural history such as London, the Benelux countries, Germany, Austria and South Tyrol. Such continuity allows the series to become a form of architectural memory, ensuring that the architecture is not forgotten. The most important buildings by each of the selected high-quality architects are presented, described in detail and documented. Each volume also serves to reflect upon the architectural motivation behind the projects. Thus the series includes numerous articles by renowned critics from various countries.

However, the core of each book is dedicated to the world of observation. Images and plans present a number of remarkable buildings that are not the result of routine “production”. Instead, each design stems from a passionate engagement with the task and its premises.

Heinz Wirz
Publisher

18 De aedibus international

SCHULZ UND SCHULZ – Leipzig

Quart Verlag

AUS DER TIEFE DES RAUMES

Katharina Benjamin

«Kein Dichter – und überhaupt kein Künstler – ist in seiner vollen Bedeutung für sich allein zu erfassen. Seine Bedeutung, die Würdigung seines Wesens, setzt die Erfassung seines Verhältnisses zu den früheren Dichtern und Künstlern voraus.»[1] T. S. Eliot

Wer in Leipzig über den Wilhelm-Leuschner-Platz, einem belebten innerstädtischen Verkehrsknotenpunkt, geht, wird nicht umhinkommen, den rötlich changierenden Baukörper wahrzunehmen, der seit 2015 diesen Ort entscheidend prägt.

Wer frei nach Goethe seinen Blick hebt und verweilt, die gegebene Möglichkeit wahrnimmt und das Gebäude umkreist und zuletzt sogar das Wagnis eingeht, sich im gefassten, doch öffentlich durchschreitbaren Innenhof niederzulassen, der kann beobachten, wie dieses Gebäude die Passanten berührt. Die Bandbreite der hervorgerufenen Reaktionen und der daraus resultierenden Interaktionen ist gross. Manche bleiben stehen, schütteln den Kopf und beginnen zu nörgeln, andere wiederum laufen ganz nah an der hermetischen Ostfassade vorbei, studieren das Fugenbild und berühren den glatt geschliffenen Porphyr.

Wer den Blick nach innen richtet, erkennt, wie sich die Nutzer, die Mitglieder der Propsteigemeinde, den Bau angeeignet haben. Zeugnisse alltäglichen Lebens – Kinderzeichnungen und Fotografien der Kommunionskinder an den schlichten holzfurnierten Wänden, das Gemeindecafé oder auch die auf der Fensterbank abgestellten Sektflaschen – vervollständigen auf eindrückliche Weise die Gesamtkomposition.

Seit ihrer Errichtung 2015 bewegt die Propsteikirche St. Trinitatis als größter nach der Wende realisierter katholischer Kirchenbau Mitteldeutschlands die Leipziger Gemüter, gerade weil sie langfristig dafür vorgesehen ist, sich einen Platz im kollektiven Stadtgedächtnis zu erringen.

Geschaffen wurde dieser sakrale Bau als Ort der Alterität, der es eindrucksvoll vermag, zwischen vielfältigen Dimensionen zu vermitteln und diese miteinander zu verknüpfen – das Sakrale mit dem Profanen, das Erhabene mit dem Nahbaren, das Intime mit dem Öffentlichen sowie das Historische mit dem Zeitgenössischen. Sein Entwurf stammt von den Architekten Ansgar und Benedikt Schulz. Die St. Trinitatiskirche markiert in ihrem Werk eine Schlüsselposition und eine überschrittene Schwelle, die den Endpunkt des ersten rund 25-jährigen Schaffenszyklus bildet.

Bereits Anfang der 1990er-Jahre arbeiten Ansgar und Benedikt Schulz gemeinsam als freie Architekten und Büropartner. Den Grundstein für die im Dialog geführte Arbeitsgemeinschaft legen sie jedoch während des gemeinsamen Aufwachsens. Ihre Kindheit und Jugend verbringen sie in Witten, einer durch die Schwerindustrie geprägten Stadt im Südosten des Ruhrgebiets. Zum Studium zieht es die Brüder ins geschichtsträchtige 150 Kilometer entfernte Aachen, wo sie sich in intensiven Studienzeiten der Architektur widmen. In Auslandsstudien in Spanien und Paraguay erweitern sie getrennt voneinander das architektonische Instrumentarium.

Als entscheidend im Werdegang von Ansgar und Benedikt Schulz kann das Jahr 1992 gelten: Ansgar Schulz schliesst sein Studium an der RWTH Aachen ab und beginnt zusammen mit Benedikt, der sich noch in der universitären Ausbildung befindet, eigenständig architektonisch tätig zu werden.

OUT OF THE SPATIAL DEPTH

Katharina Benjamin

"No poet, no artist of any art, has his complete meaning alone. His significance is the appreciation of his relation to the dead poets and artists."[1]
T. S. Eliot

Anyone walking across Wilhelm-Leuschner-Platz, a lively inner-urban transport node in Leipzig, will not be able to overlook the shifting red tones of a building that has defined the location since 2015.

Those who, like Goethe, stop to gaze upwards and take the opportunity to walk around the building, even daring to relax in the framed, yet publicly accessible inner courtyard, will observe the impression the building makes on passing pedestrians. The range of reactions and the resulting interaction is great. Some linger, shake their heads and start to grumble. Others walk up very close to the hermetic eastern façade, study the joints and touch the smooth-polished porphyry.

Looking inside, one sees how the users, members of the St. Trinitatis parish community, have appropriated the building. Evidence of everyday life impressively completes the overall composition: children's drawings and photographs of young people receiving communion by the simple, veneer-clad walls, the community café and the bottles of sparkling wine along the windowsill.

Since its inauguration in 2015, St. Trinitatis parish church, the largest Catholic church erected in central Germany since the country's reunification, has raised eyebrows in Leipzig, particularly due to its intention of leaving a long-term impression on the city's collective memory.

The sacred building was erected as a place of alterity, impressively mediating between diverse dimensions and connecting them to each other – the sacred to the profane, the sublime to the approachable, the intimate to the public, and the historical to the contemporary. It was designed by the architects Ansgar and Benedikt Schulz. St. Trinitatis parish church represents a key project in their oeuvre, coming at the end of their first cycle of around 25 years in practice.

Back in the early 1990s, Ansgar and Benedikt Schulz worked together as freelance architects and office partners. But the basis for their working partnership, which was characterised by dialogue, was formed during their youth together. They were brought up in Witten, a town dominated by heavy industry in the south-east of the Ruhr region. The brothers moved to the historical city of Aachen, 150 kilometres away, where they studied Architecture with great intensity. Foreign studies in Spain and Paraguay separated them, but allowed them to consolidate their architectural experience.

A key moment in the careers of Ansgar and Benedikt Schulz came in 1992: Ansgar Schulz graduated from the RWTH Aachen and began to collaborate with Benedikt, who was still studying, on independent architectural projects.

In diesem Gründungsjahr der Büropartnerschaft von Schulz und Schulz machen die Brüder mit Unterstützung der Freunde Dieter Comes und Thomas Sebralla bereits bei Wettbewerben in Köln und Bochum mit Preisen auf sich aufmerksam. So erringen sie beim Wettbewerb für den Hauptsitz der Sparkasse in Bochum sogar den 1. Preis, werden jedoch nicht mit der Umsetzung beauftragt. Zur gleichen Zeit beginnen sie mit der Realisierung ihres Erstlingswerks, dem Einfamilienhaus Drückler in Witten. Dieses erhält auf Wunsch des Bauherrn eine Fassade aus regionalem Bruchstein.

Eine Anstellung in einem Architekturbüro vermeiden sie konsequent, stattdessen suchen sie die Kooperation mit erfahrenen Partnern, die ihnen die Teilnahme an öffentlichen Ausschreibungen ermöglichen.

Die Situation in der gesättigten nordrheinwestfälischen Heimat, die kaum gestaltbare Räume und Strukturen offerieren kann, verlangt nach Bewegung. Die jungen Architekten zieht es nach dem Fall der Mauer ins unbekannte Abenteuer – nach Leipzig. Ausschlaggebend bei der Ortswahl ist im Jahr 1994 der Gewinn des 2. Preises beim Wettbewerb zur Gestaltung des Leipziger Hauptbahnhofs und die daraufhin folgenden Einladungen zu selektiven Wettbewerbsverfahren im Leipziger Raum. Die Brüder ahnen, dass ihnen durch qualitative Arbeit und konstant hohe Leistungsbereitschaft die Messestadt die Chance bietet, hier ein Büro nach eigenen Vorstellungen aufzubauen.

Die Einreichung zum Wettbewerb des Leipziger Hauptbahnhofs, die sich 2019 zum 25. Mal jährt, beschreibt einen weiteren Referenzpunkt und definiert den Beginn der Leipziger Schaffensperiode.

In diesem Zeitraum entwickeln sich Ansgar und Benedikt Schulz von jungen, aufstrebenden Architekturabsolventen, die sich eigenverantwortlich Schritt für Schritt durch Umbauten und Sanierungen mehrerer Leipziger Wohnanlagen «das Bauen» beibringen, hin zu etablierten Architekten, die national und international gewürdigte öffentliche Bauten schaffen. Unverändert bleibt der Weg zu denjenigen Bauaufgaben, der nicht über persönliche Direktbeauftragungen erfolgt, sondern stets über den anonym errungenen Wettbewerbserfolg führt.

Das gebaute Werk von Ansgar und Benedikt Schulz umfasst mittlerweile über 50 realisierte Bauwerke, darunter der Zentrale Betriebshof der Stadtreinigung, Leipzig (2001), die Erweiterung der Neuen Nikolaischule, Leipzig (2003), das Leipniz-Instituts für Troposphärenforschung, Leipzig (2005), die Bundeshandelsakademie im österreichischen Feldkirch (2009), die Sporthalle der Franz-Mehring-Schule, Leipzig (2011) und die Katholische Propsteikirche St. Trinitatis, Leipzig (2015). Der Architekturpublizist Wolfgang Jean Stock rechnet die Schulz-Brüder zu «jene[r] Generation, die nach der ersten Moderne und der siegreichen zweiten mit den Holzwegen zu einem schalen Modernismus nun die dritte Moderne bildet, die Reflexiv auf die Irrtümer ihrer Vorgänger antwortet. Sie bildet insofern eine Synthese, als sie den Hang der Postmoderne zu Spiel und Spektakel zwar radikal ablehnt, wohl aber Anregungen von ihr aufnimmt: etwa zu einer verfeinerten Maßstäblichkeit und Materialität, vor allem aber den Respekt vor dem baulichen Erbe und der Geschichte der Stadt.»[2]

Wer sich von der geschaffenen Architektur von Schulz und Schulz vis-à-vis selbst ein Bild machen möchte, dem empfiehlt sich ein Besuch in Leipzig. Hier kann man die Entwicklung ihres architektonischen Werks von Mitte der 1990er-Jahre bis heute nachvollziehen.

In that founding year of the Schulz und Schulz office partnership, the brothers, supported by their friends Dieter Comes and Thomas Sebralla, attracted attention with early successes at competitions in Cologne and Bochum. They even won 1st Prize for the Sparkasse headquarters in Bochum, but were not contracted to erect the building. At the same time, they began constructing their first building, the Drückler single-family home in Witten. The client requested a façade made of regional quarry stone.

They consistently avoided any employment at an architectural office, instead seeking cooperation with partners that allowed them to participate in public tender offers.

The saturated situation in their home region of North Rhine-Westphalia offered hardly any spaces and structures for them to work on, forcing them to move on. After the fall of the Berlin Wall, the young architects set off on an open adventure – to Leipzig. The main reason for their choice of location in 1994 was their 2nd Prize in the competition to design Leipzig's Central Station and subsequent invitations to selective competition processes in the Leipzig region. The brothers sensed that with high-quality work and a constant willingness to perform, the trade-fair city offered the opportunity to develop their own office according to their own ideas.

The proposal for Leipzig Central Station, which is 25 years old in 2019, represents another reference point and defines the beginning of their Leipzig practical period.

During that time, Ansgar and Benedikt Schulz used conversion and renovation projects on several Leipzig housing estates to gradually learn "how to build", thereby autonomously developing from young, upwardly mobile architectural graduates into established architects, erecting nationally and internationally recognised public buildings. Their path to such building tasks was never taken via personal, direct contracts and always via anonymously achieved competition successes.

By now, the oeuvre of Ansgar and Benedikt Schulz comprises over 50 completed buildings, including the central maintenance yard of the Leipzig municipal waste disposal company, Leipzig (2001), the renewal of the Neue Nikolaischule, Leipzig (2003), the Leibniz Institute of Tropospheric Research, Leipzig (2005), the Young Business School in Feldkirch, Austria (2009), the sports hall for the Franz Mehring School, Leipzig (2011) and St. Trinitatis parish church in Leipzig (2015). The architectural publisher Wolfgang Jean Stock considers the Schulz brothers to be, "among the generation that, following the first Modern period and the dominant second, with its aberrations that led to insipid Modernism, now forms a third Modernity, which responds with reflection to its predecessors. Thus they form a synthesis in radically rejecting the Postmodern tendency towards playfulness and spectacle, yet still take Postmodern inspiration on board: for instance with respect to refined sense of scale and materiality, and above all a respect for the constructed heritage and history of the city."[2]

Anyone wishing to experience the completed architecture by Schulz und Schulz at first hand should travel to Leipzig, where one can follow the development of their oeuvre from the mid-1990s to the present day.

So lassen sich zwischen dem 2001 fertiggestellten Zentralen Betriebshof der Stadtreinigung in Leipzig, der als modularer und funktionaler Systembau geplant wurde, und der 2015 eingeweihten in Rochlitzer Porphyr gehüllten St. Trinitatiskirche signifikante Veränderungen in ihrer architektonischen Zielsetzung erkennen.

Bis zum Gewinn des Wettbewerbs für den Neubau der Leipziger Propsteikirche im Jahr 2009 sind Ansgar und Benedikt Schulz für ihre rationale, auf Ordnung und Struktur fussende Haltung bekannt, die sich durch konstruktive Präzision, räumliche Flexibilität und sachliche Ästhetik auszeichnet. Die lang währende Arbeit am Entwurf sowie der Umsetzung der Propsteikirche und das intensive Nachdenken über die Bedeutung des Atmosphärischen im kontemporären Sakralbau leitet einen Transformationsprozess ein. Ihr Architekturverständnis beginnt sich zu erweitern. Die Bedeutung des rein Rationalen tritt in den Hintergrund zugunsten einer emotional wirksamen und sinnstiftenden Architektur, die zu berühren vermag.

Entscheidend hierfür ist auch der Rückzug von dem lärmenden, innerstädtischen Büro ins Atelierhaus nach Zwenkau. Gebaut als Raumlabor, um die für den Kirchenbau erdachten Prinzipien des Lichteinleitens im Maßstab 1:1 zu studieren, ermöglicht die dort herrschende Stille eine andere Form des Architekturdenkens. Die geschaffene Atmosphäre bindet alle folgenden, vor Ort erdachten Entwürfe an die Erkenntnisse der St. Trinitatiskirche.

Zu sehen sind diese Gedankenfortführungen unter anderem an dem frisch eingeweihten Rosenpavillon in Remshalden und an der sich in Realisierung befindenden Deutschen Botschaft in Wien.

Beim Rosenpavillon, geplant als eine von 16 Stationen der Gartenschau Remstal 2019, entwickelt sich aus dem reziproken Dachtragwerk eine skulpturale Figur. Diese fasst den Blick in die umgebende Landschaft, fängt das vorhandene Licht ein und lässt den Rastenden sich selbst in seinem Schatten erkennen.

Für die Deutsche Botschaft in Wien entwerfen Schulz und Schulz «ein offenes, mit seiner Umgebung in Dialog tretendes Haus, welches die gegebenen Sicherheitsanforderungen nicht zum Ausdruck der Architektur werden lässt».[3] Ähnlich wie bei der Propsteikirche trauen sie sich, einer als verschlossen wahrgenommenen Institution ein offenes Gebäude anzubieten.

Die vollumfängliche Tragweite des durch die St. Trinitatiskirche angestossenen Wandels im Architekturverständnis der Architekten wird sich jedoch erst in einer zukünftigen Retrospektive bemessen lassen.

Neben der architektonischen Haltung müssen wir ebenfalls nach dem Standpunkt der Architekten im aktuellen System fragen. Befürworten sie die Einschleusung der Architektur in den allgemeingültigen Konsumprozess? Sehen sie das Haus als Produkt und Spekulationsobjekt, welches im Hier und Jetzt kurzfristig Aufmerksamkeit auf sich ziehen soll, um Rendite abzuwerfen? Und fühlen sich so dem kapitalistischen Ruf nach permanenter Innovation, die man mit der eigenen Signatur architektonisch verifizieren vermag, verpflichtet? Oder spüren sie noch, wie es Hans Kollhoff 2012 in seiner an der ETH Zürich gehaltenen Abschiedsvorlesung «Wir und Ich: Zur architektonischen Autorenschaft» formulierte, «eine hinreichende Basis den Beruf als Metier zu begreifen, als Disziplin, die [ihnen] innerhalb eines gesteckten Rahmens alle Freiheit erlaubt den Ansprüchen unserer Zeit zu genügen?»[4]

Ansgar und Benedikt Schulz haben das zeitlose, schöne Haus zum Ziel, welches die Menschen berührt und von ihnen langfristig genutzt werden wird. Sie begreifen ihren Beruf als Disziplin, sie verstehen ihre Leistungen nicht als Akt der Genialität,

For instance, considerable changes in their architectural aims can be seen between the central maintenance yard for the Leipzig municipal waste disposal company, which was completed in 2001 and was designed as a modular, functional system structure, and St. Trinitatis parish church, which was inaugurated in 2015 and is clad in Rochlitz porphyry.

Until they won the competition for the new construction of the Leipzig parish church in 2009, Ansgar and Benedikt Schulz were known for their rational stance based on order and structure, characterised by constructive precision, spatial flexibility and disciplined aesthetics. The long-term work on the design and implementation of the parish church, as well as intensive consideration of the significance of atmosphere in contemporary sacred buildings, led to a transformation process. Their grasp of architecture began to expand. The importance of the purely rational receded into the background in favour of an emotionally effective, meaningful architecture that is able to move people.

The key aspect in this respect is a withdrawal from the noisy, inner-urban office to the studio building in Zwenkau. Erected as a "spatial laboratory" to study light-guidance principles developed for the church on a scale of 1:1, the silence there enables a different form of thinking on architecture. The atmosphere binds all subsequent designs conceived on site to the insight gained on the St. Trinitatis parish church project.

Such developed thoughts can be seen, for instance, in the freshly inaugurated Rose Pavilion in Remshalden and the German Embassy building currently under construction in Vienna. The Rose Pavilion, which was planned as one of the 16 centres of the Remstal 2019 Garden Show, develops a sculptural figure out of the reciprocal roof supporting structure. It frames the view of the surrounding landscape, captures the existing light and allows people relaxing there to see their own shadows.

For the German Embassy in Vienna, Schulz und Schulz designed, "an open building that enters into a dialogue with its surroundings and does not allow the given security requirements to become the expression of the architecture."[3] As for the parish church, they were bold enough to create an open building for an institution that is generally regarded as closed.

Nevertheless, the full impact of the transformation achieved by St. Trinitatis church in terms of the architects' professional understanding will only be measurable in future retrospectives.

In addition to their architectural stance, we must also investigate the architects' approach to the current system. Do they approve of confining architecture to the universal consumer process? Do they regard the house as a product and an investment object, which should attract attention to itself in the here and now for the purpose of profit? And do they heed the capitalist call for permanent innovation, to which architects can add their own signature treatment? Or do they still sense the same as Hans Kollhoff in 2012, as described in his valedictory lecture at the ETH Zurich "Wir und Ich: Zur architektonischen Autorenschaft": "a sufficient basic grasp of the profession as a discipline that allows all freedoms within a specific framework, in fulfilling the requirements of our times?"[4]

sondern als Folge der Durchdringung und Meisterung der ihnen gestellten Aufgaben. Sie bauen sich keine erkennbaren Signaturen, sondern treten hinter ihrem Werk zurück. Sie denken, sobald man sie lässt, das Bauliche langfristig für die Gemeinschaft und erarbeiten sich den Weg zur ihrer eigenständigen «Tradition».

Die Bedeutungsdimension von «Tradition» im schöpferischen Kontext beschreibt der Dichter und Literaturkritiker T. S. Eliot 1919 in seinem Essay «Tradition and the Individual Talent»: «Tradition ist etwas weit mehr Besagendes und Umfassendes. Sie kann nicht vererbt werden und wer ihr teilhaft werden möchte, muss sie sich mit grosser Mühe selbst erarbeiten.»[5]

Schulz und Schulz Architekten imitieren nicht die Vergangenheit, rezitieren nicht ihren Kanon und konsolidieren nicht den Status quo. Sie suchen nach den Grenzen der baulich-schöpferischen Freiheit, entwickeln ihr architektonisches Repertoire und schaffen für sich geltende Solitäre – und doch wissen sie: Sie stehen nicht für sich alleine, sondern sind Teil einer langen Sequenz.

1 Eliot, T. S.: «Tradition und die individuelle Begabung». In: Essays I, T. S. Eliot, Suhrkamp Verlag, Frankfurt am Main, 1967, S. 345–356

2 Stock, Wolfgang Jean: «Baukunst aus Raum und Licht – die Kirche St. Trinitatis Leipzig von Schulz und Schulz Architekten». In: Schulz und Schulz, St. Trinitatis Leipzig, Opus 83, Edition Axel Menges, Fellbach, 2016, S. 6 f.

3 Projekttext, siehe https://schulz-und-schulz.com / Juryprotokoll https://schulz-und-schulz.com/projekte/deutsche-botschaft-in-wien/, letzter Zugriff: 26.06.2019

4 Kollhoff, Hans: «Wir und Ich. Zur architektonischen Autorenschaft», Abschiedsvorlesung, ETH Zürich, 02.05.2012, Videotranskription https://www.video.ethz.ch/speakers/lecture/7f015d33-7c0c-4f56-91d0-b6d48a3d7a65.html, letzter Zugriff: 26. Juni 2019

5 Eliot, T. S.: «Tradition und die individuelle Begabung». In: Essays I, T. S. Eliot, Suhrkamp Verlag, Frankfurt am Main, 1967, S. 345–356

Ansgar and Benedikt Schulz aim to produce timeless, beautiful buildings that touch people and are used by them for a long time. They regard their profession as a discipline and see their performance not as an act of geniality, but as the result of permeating and mastering the given tasks. They do not work to develop any recognisable signature, instead withdrawing behind the work. As soon as they are allowed, they think through the structural aspects for the community, developing their own way towards their autonomous "tradition".

In 1919, the poet and literary critic T. S. Eliot described the significant dimension of "tradition" in a creative context in his essay "Tradition and the Individual Talent": "Tradition is a matter of much wider significance. It cannot be inherited, and if you want it you must obtain it by great labour."[5]

Schulz und Schulz Architekten do not imitate the past, do not recite their canon and do not consolidate the status quo. They seek the boundaries of structural and creative freedom, develop their architectural repertoire and create freestanding buildings that apply to themselves – and yet they know that instead of standing alone, they exist as part of a long sequence.

1 Eliot, T. S.: "Tradition and the Individual Talent". In: id., *The Sacred Wood*, London, 1920, p. 44

2 Stock, Wolfgang: "Baukunst aus Raum und Licht – die Kirche St. Trinitatis Leipzig von Schulz und Schulz Architekten". In: Schulz und Schulz, St. Trinitatis Leipzig, Opus 83, Edition Axel Menges, Fellbach, 2016, p. 6 f. [trans.]

3 Project text [trans.], see website: https://schulz-und-schulz.com/Juryprotokoll, https://schulz-und-schulz.com/projekte/deutsche-botschaft-in-wien/, accessed on June 6, 2019

4 Kollhoff, Hans: "Wir und Ich Zur architektonischen Autorenschaft", valedictory lecture, ETH Zurich, 02.05.2012, translated German video transcript https://www.video.ethz.ch/speakers/lecture/7f015d33-7c0c-4f56-91d0-b6d48a3d7a65.html, accessed on June 26, 2019

5 Eliot, T. S.: "Tradition and the Individual Talent". In: id., *The Sacred Wood*, London, 1920, p. 43

WOLKENLABOR DES INSTITUTS FÜR TROPOSPHÄRENFORSCHUNG, LEIPZIG

CLOUD LABORATORY OF THE INSTITUTE FOR TROPOSPHERIC RESEARCH, LEIPZIG

Das Institut erforscht Wolken und Aerosole (heterogenes Gemisch aus festen oder flüssigen Teilchen in einem Gas) sowie deren Wechselwirkungen mit dem Klima und der Gesundheit des Menschen. Neben reiseaufwendigen Feldstudien nimmt das Institut analytische und modellierende Untersuchungen vor. Das «Wolkenlabor» genannte Gebäude dient Versuchsreihen an künstlich hergestellten Wolken. Es ist das Abbild der Versuchsanordnung: Im Zentrum des quadratischen Grundrisses steht der runde Turm des Wolkensimulators, der von peripheren Labor- und Büroräumen umringt ist. Der Quader für dienende Räume und den Zylinder des Simulators formen einen Negativraum, in dem sich alle Mitarbeiterinnen und Mitarbeiter begegnen und austauschen können. Das eloxierte Aluminium an der Fassade des Turms spiegelt die flüchtigen Phänomene sich ändernden Wetters wider, die Oberlichter im Innenraum des Quaders verweisen auf die Farben des Himmels.

The institute researches clouds and aerosols (heterogeneous mixtures of solid or liquid particles in a gas) and their interaction with the climate and human health. In addition to travel-intensive field studies, the institute also carries out analytical and model research. The building known as the "Cloud Laboratory" is used for a range of experiments on artificially induced clouds. The volume is an image of the way the experiments are carried out: the circular tower of the cloud simulator stands at the centre of the rectangular ground plan, while the peripheral laboratory and office spaces surround it. The cube for the auxiliary rooms and the simulator's cylinder form a negative space where all employees can meet and communicate. The anodised aluminium on the tower's façade reflects the fleeting phenomena of the changing weather, while the skylights in the cube's interior refer to the colours of the sky.

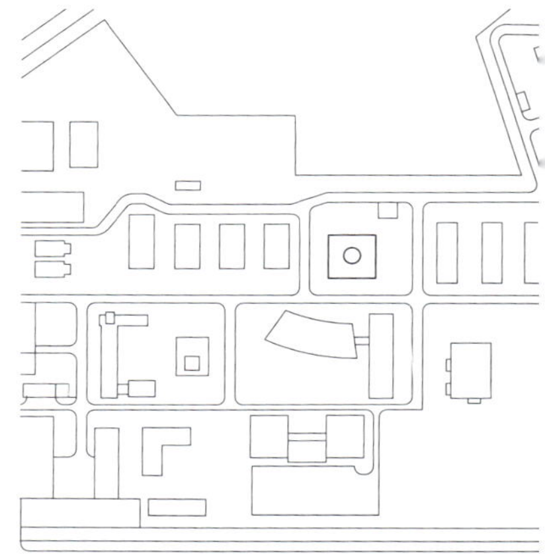

Projekt: 2003
Ausführung: 2003–2005
Bauherr: Leibniz-Institut für Troposphärenforschung, Leipzig
Mitarbeiter: Matthias Hönig
Bauleitung: Andreas Schorr

Tragwerksplanung/Bauphysik:
Staupendahl & Partner, Leipzig

Project: 2003
Construction: 2003–2005
Client: Leibniz Institute for Tropospheric Research, Leipzig
Collaborator: Matthias Hönig
Building management: Andreas Schorr

Structural planning/Building physics:
Staupendahl & Partner, Leipzig

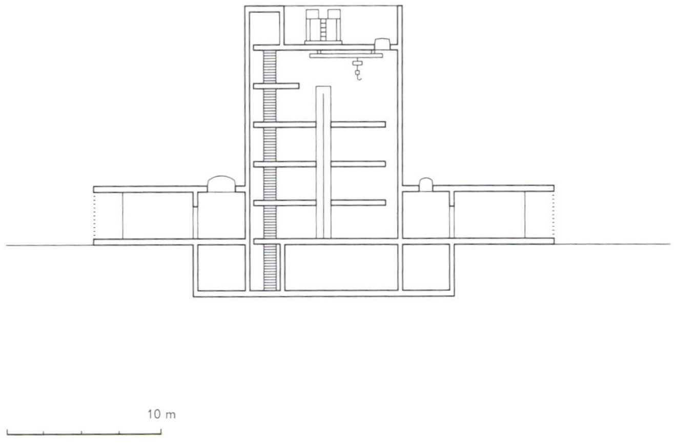
10 m

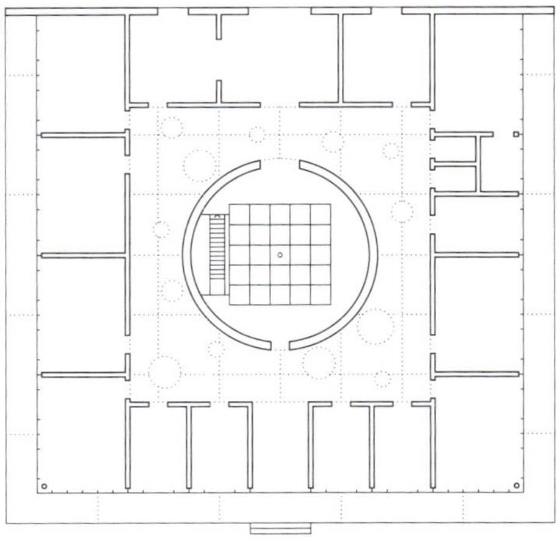

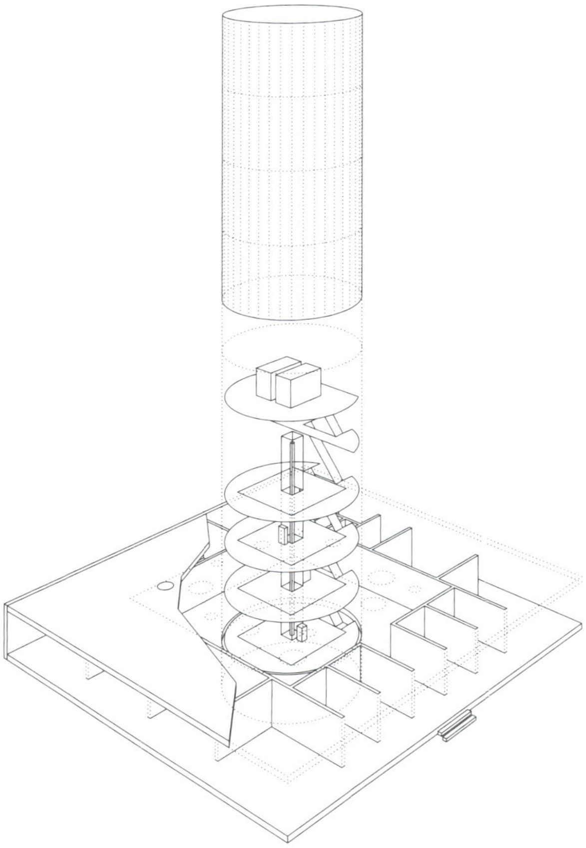

LASER

SONDERLABORE DER UNIVERSITÄT LEIPZIG

SPECIAL LABORATORIES AT THE UNIVERSITÄT LEIPZIG

Der Neubau nimmt besonders zu sichernde Speziallabore auf, die nicht in die angrenzenden Altbauten aus der Gründerzeit integriert werden konnten. Die Würfelgeometrie des Gebäudes unterstreicht die daraus resultierende solitäre Platzierung in der Ecksituation des Baublocks. Der Hauptzugang führt über die Brücke zwischen Neu- und Altbau, sodass es keines öffentlich wahrnehmbaren Eingangs bedarf. Die Fassadengliederung übernimmt die dominante Höhe des Nachbargebäudes, auch der Sichtbeton greift die Farbe des verputzten Altbaus nebenan auf. Glatte Betonflächen und fassadenbündige Kastenfenster erzeugen das Bild eines geheimnisvoll geschlossenen Forschungsbaus, dessen Inneres aus gelben Fussböden und silberfarbenen Wandflächen für die biochemische Hightech-Forschung steht.

The new building accommodates special laboratories that require particular security, which cannot be integrated into the adjacent late 19th-century buildings. The cube-shaped geometry of the building highlights its resulting free-standing placement in a corner of the block development. The main entrance leads via the bridge between new and old, so that it requires no publicly visible access. The façade structure assumes the dominant height of the neighbouring building, while the fair-faced concrete picks up on the plaster colour of the existing building beside it. Smooth concrete surfaces and box-type windows create an image of a secretive, closed research building, while the interior consists of yellow flooring and silver-coloured wall surfaces for biochemical high-tech research.

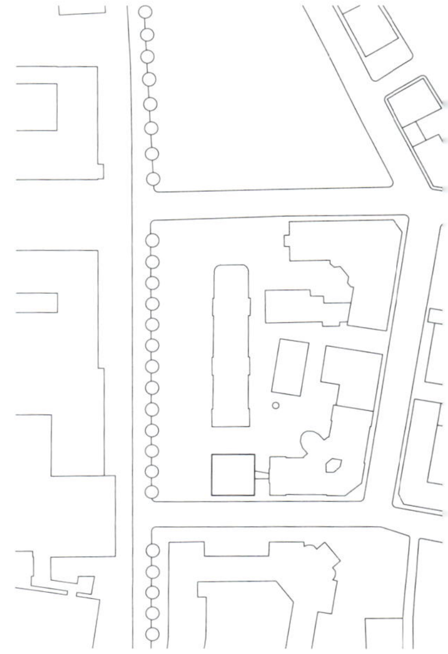

Wettbewerb: 2004
Projekt: 2004–2007
Ausführung: 2007–2009
Bauherr: Freistaat Sachsen
Mitarbeiter: Karsten Liebner, Lutz Schilbach
Bauleitung: Peter Gaffron

Tragwerksplanung/Wärmeschutz: Staupendahl & Partner, Leipzig
Laborplanung: IFG Ingenieure, Leipzig

Competition: 2004
Project: 2004–2007
Construction: 2007–2009
Client: Free State of Saxony
Collaborators: Karsten Liebner, Lutz Schilbach
Building management: Peter Gaffron

Structural planning/Heat insulation: Staupendahl & Partner, Leipzig
Laboratory planning: IFG Ingenieure, Leipzig

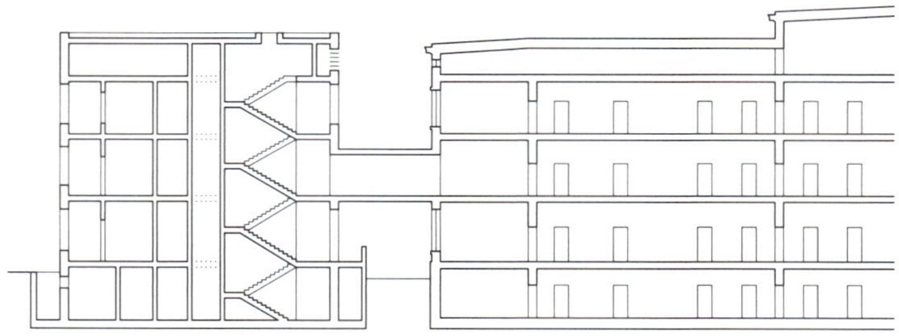

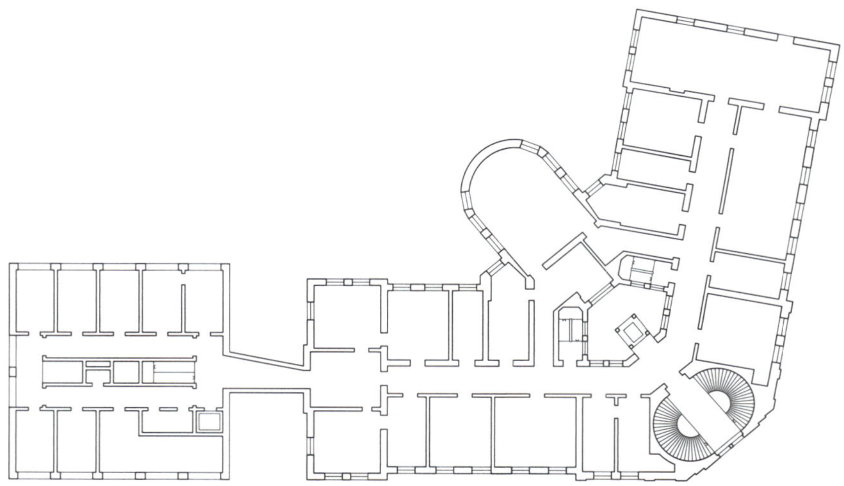

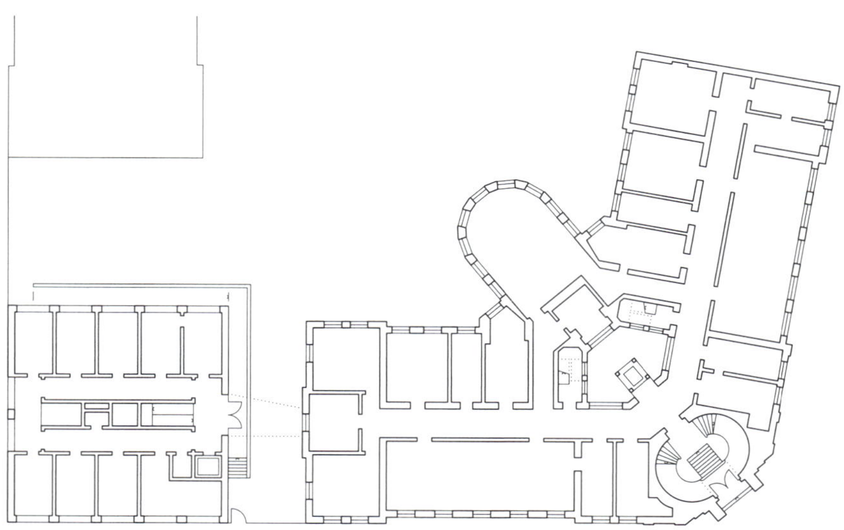

10 m

GEBÄUDE N, HOCHSCHULE KARLSRUHE

BUILDING N, KARLSRUHE UNIVERSITY OF APPLIED SCIENCES

Der Campus der Hochschule Karlsruhe ist ein typisches Beispiel für den deutschen Hochschulbau aus den 1960er- und 1970er-Jahren. Pragmatisch organisierte Kuben mit Betonfassaden formen einen durchgrünten Campus von hoher Funktionalität und Aufenthaltsqualität, der allerdings ein wenig gealtert ist. Das Gebäude N ersetzt Gebäude P, es lag also nichts näher, als den Ort in gleicher Sprache zu ergänzen. In einer Ecksituation des Campus gelegen, ist der Neubau auf quadratischem Grundriss kompakt fünfschiffig organisiert. Eine zentrale Erschliessung erfolgt von seiner Mitte aus. Die unterschiedlich behandelten Sichtbetonflächen verweisen auf die grösseren Spielräume der heutigen Betontechnologie. Weil hier die Fachrichtung Sensorik angesiedelt ist, hat der Künstler Jörg Mandernach seinen überdimensionierten Fingerabdruck auf der Fassade hinterlassen.

The campus of Karlsruhe University of Applied Sciences is a typical example of German university building in the 1960s and 1970s. Pragmatically organised cubes with concrete façades form a green campus with a high degree of functionalism and an excellent quality of stay, albeit one that has aged a little. Building N replaces Building P, which clearly suggested using the same language to develop the location. Situated in a corner of the campus, the new building is organised in five compact wings on a rectangular ground plan. Its central entrance provides general access. The fair-faced concrete surfaces have different treatments, referring to the advances of contemporary concrete technology. Since the building houses the Sensor Systems Technology Department, the artist Jörg Mandernach marked it with an oversized fingerprint on the façade.

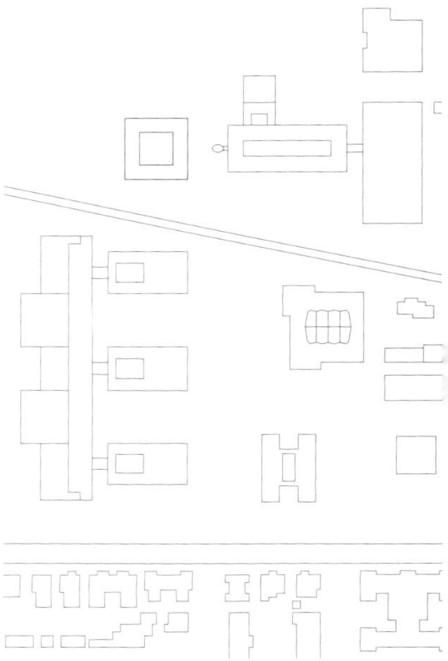

Wettbewerb: 2013
Projekt: 2013–2014
Ausführung: 2014–2018
Bauherr: Land Baden-Württemberg
Mitarbeiter: Felix Haunstein, Christian Wischalla, Chris Stepan
Bauleitung: Ernst^2 Architekten, Stuttgart

Tragwerksplanung: Mayr Ludescher Partner, Stuttgart
Kunst am Bau: Jörg Mandernach, Ludwigsburg

Competition: 2013
Project: 2013–2014
Construction: 2014–2018
Client: State of Baden-Wuerttemberg
Collaborators: Felix Haunstein, Christian Wischalla, Chris Stepan
Building management: Ernst^2 Architekten, Stuttgart

Structural planning: Mayr Ludescher Partner, Stuttgart
"Art in architecture": Jörg Mandernach, Ludwigsburg

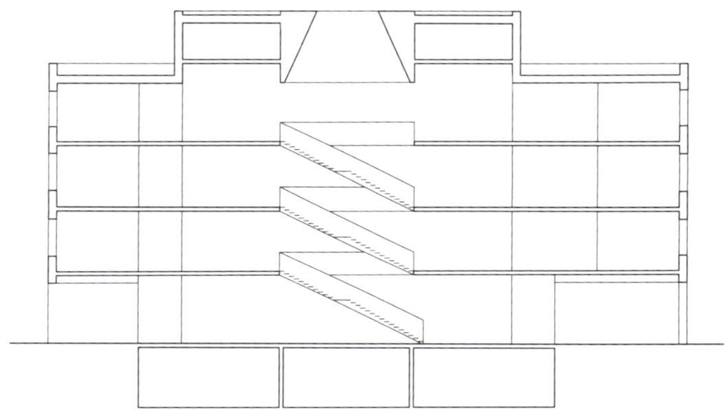

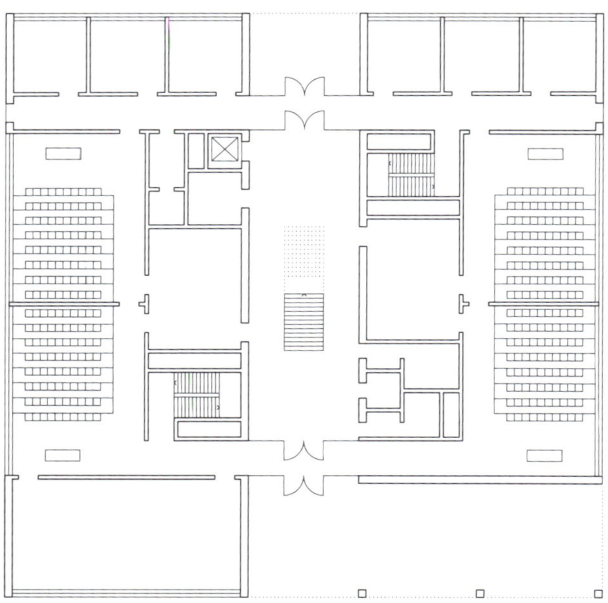

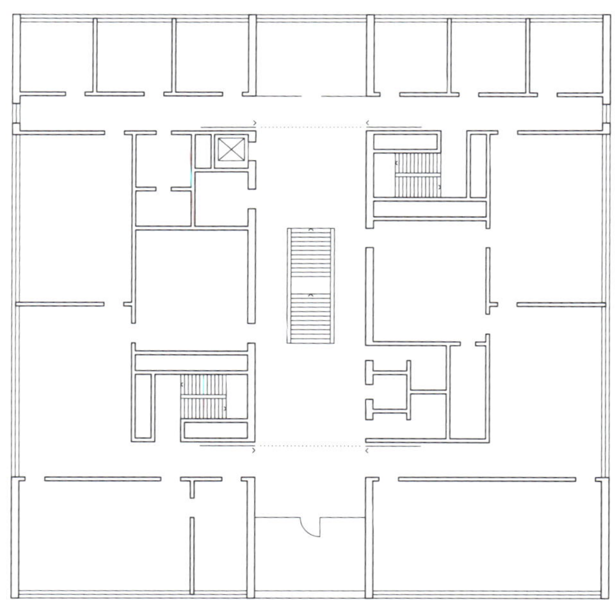

10 m

SPORTHALLE DER FRANZ-MEHRING-SCHULE, LEIPZIG

Die Grundschule benötigte eine neue Sporthalle, weil die alte im Gegensatz zu dem aus den 1970er-Jahren stammenden Schulgebäude nicht mehr zu sanieren war. Um eine städtebauliche Wirksamkeit zu entfalten, ist die neue Halle als kompakter «Schuhkarton» konzipiert, der in Zusammenspiel mit dem Schulhaus den gemeinsamen Aussenraum gliedert. Zwei kleine Modifikationen der «Schuhkartongeometrie» markieren die wichtigen Stellen des Gebäudes: Ein Einschnitt im Gebäudevolumen ermöglicht den Schülerinnen und Schülern ein witterungsgeschütztes Warten auf den Sportunterricht, ein ebenso hoher Aufsatz dient als Belichtungslaterne über dem Galeriegang vor den Umkleiden. Die Fassadenhülle aus grünem Trapezblech verzahnt die Sporthalle mit dem alten Baumbestand und verweist auf die industrielle Bauproduktion des bestehenden Schulgebäudes.

SPORTS HALL, FRANZ MEHRING SCHOOL, LEIPZIG

The primary school required a new sports hall because, unlike the 1970s main school building, the original sports hall could no longer be renovated. To fully exploit the urban planning effect, the new hall is conceived as a compact "shoebox" that combines with the school building to structure the common exterior grounds. Two small modifications in the "shoebox geometry" mark important parts of the building: an incision in the volume enables pupils to wait for their sports classes in a covered area that shields them from the weather, while an equally high platform serves as a source of lighting above the gallery walkway in front of the changing rooms. The façade envelope consisting of trapezoidal sheet metal interleaves the sports hall with a population of old trees and refers to the industrial construction methods used for the existing school building.

Projekt: 2009–2010
Ausführung: 2010–2011
Bauherr: Stadt Leipzig
Mitarbeiter: Karsten Liebner, Julia Löffler
Bauleitung: Karsten Liebner

Tragwerksplanung/Wärmeschutz:
Ingenieurbüro Simon, Dresden
Sporttechnologische Planung:
Schulz und Schulz, Leipzig

Project: 2009–2010
Construction: 2010–2011
Client: City of Leipzig
Collaborators: Karsten Liebner, Julia Löffler
Building management: Karsten Liebner

Structural planning/Heat insulation:
Ingenieurbüro Simon, Dresden
Sports technology planning:
Schulz und Schulz, Leipzig

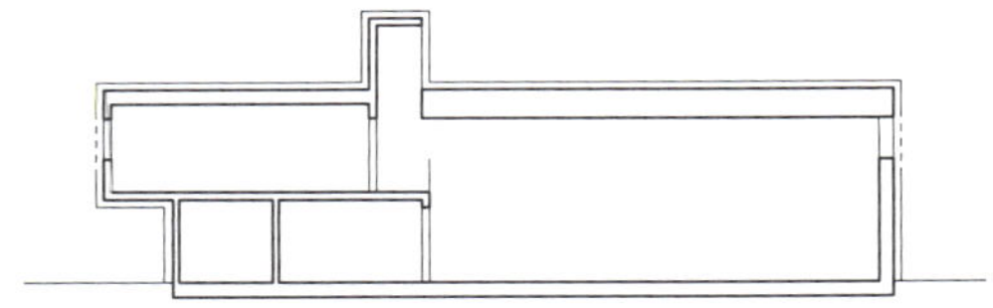

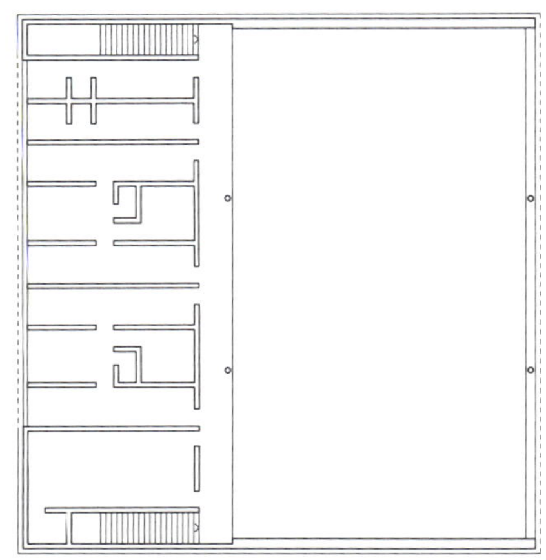

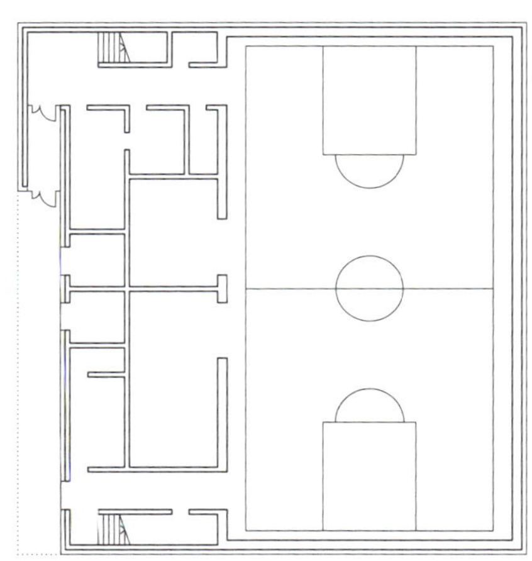

10 m

KATHOLISCHE PROPSTEIKIRCHE
ST. TRINITATIS, LEIPZIG

ST. TRINITATIS PARISH CHURCH, LEIPZIG

Die prominente städtebauliche Lage der neu erbauten Kirche am Innenstadtring gegenüber dem Leipziger Rathaus stellt hohe Ansprüche an die Präsenz des Gebäudes. Sie sollte vom ersten Tag an so aussehen, als sei sie immer schon dagewesen und wie andere Kirchen in europäischen Städten einen Ankerpunkt für die Umgebung darstellen. Die Überhöhung von Turm und Kirchenraum reagiert auf die wichtigen Strassenkreuzungen als Begrenzungen. Der Pfarrhof teilt den Komplex in Kirche und Gemeindezentrum ein und tritt über die Auskragung am Ring in den Dialog mit der Stadt. In dem für eine katholische Kirche ungewöhnlichen Innenraum manifestiert sich in Sitzanordnung, Empore, sichtbarer Orgel und künstlerischer Ausgestaltung die Offenheit und Experimentierfreudigkeit der Gemeinde. Die Fassade ist aus Rochlitzer Porphyr gemauert, dem in der Region oft bei öffentlichen und kirchlichen Bauten verwendeten Stein.

The prominent urban planning position of the newly erected church beside the inner ring-road, opposite Leipzig Town Hall, placed high demands on the building's presence. From the first day onwards, it had to appear as if it had always been there, acting like other churches in European cities, as an anchor for the surroundings. The extra-high tower and church space reacts to the important limiting road junctions. The rectory divides the complex into a church and a community centre, entering into a dialogue with the city through a projection over the space along the ring road. The interior space, which is unusual for a catholic church, expresses the parish's openness and willingness to experiment through the seating arrangement, the gallery, the visible organ and the artistic fittings. The façade consists of Rochlitz porphyry brickwork, a stone often used in the region for public and church buildings.

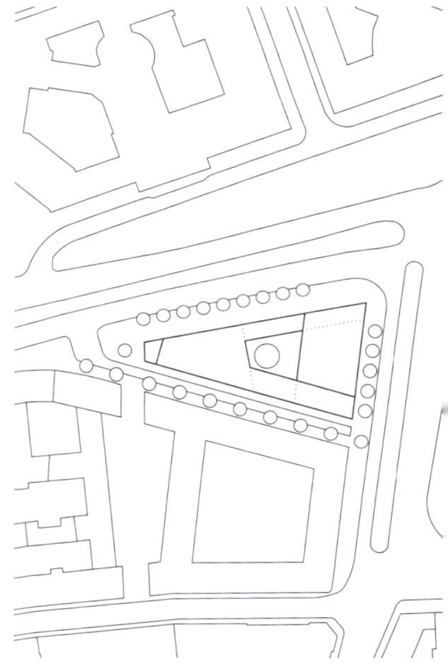

Competition: 2009
Project: 2010–2013
Construction: 2011–2015
Client: St. Trinitatis parish church, Leipzig
Collaborators: Christian Wischalla, Matthias Hönig, Karsten Liebner, Jana Unbehauen, René Büttner
Building management: Bodo Roßberg, Lothar Wolter, Peter Gaffron

Structural planning: Seeberger Friedl Ingenieurgesellschaft, Munich; Büro für Baustatik Förtsch, Leipzig
Lighting planning: Peter Andres Ingenieure für Lichtplanung, Hamburg
Building technology planning: MLT Medien Licht Technik Ingenieure, Leipzig
Acoustics: Müller-BBM, Dresden
Building physics/Sustainability: Ingenieurbüro Michael Lange, Berlin; ee concept, Darmstadt
Exterior spaces: r+b landschaft s architektur, Dresden

Artistic design
Liturgical places: Jorge Pardo, Los Angeles, USA
Church windows: Falk Haberkorn, Leipzig

Wettbewerb: 2009
Projekt: 2010–2013
Ausführung: 2011–2015
Bauherr: Katholische Propsteipfarrei St. Triniatis, Leipzig
Mitarbeiter: Christian Wischalla, Matthias Hönig, Karsten Liebner, Jana Unbehauen, René Büttner
Bauleitung: Bodo Roßberg, Lothar Wolter, Peter Gaffron

Tragwerksplanung: Seeberger Friedl Ingenieurgesellschaft, München; Büro für Baustatik Förtsch, Leipzig
Lichtplanung: Peter Andres Ingenieure für Lichtplanung, Hamburg
TGA-Planung: MLT Medien Licht Technik Ingenieure, Leipzig
Akustik: Müller-BBM, Dresden
Bauphysik/Nachhaltigkeit: Ingenieurbüro Michael Lange, Berlin; ee concept, Darmstadt
Freianlagen: r+b landschaft s architektur, Dresden

Künstlerische Gestaltung
Liturgische Orte: Jorge Pardo, Los Angeles, USA
Kirchenfenster: Falk Haberkorn, Leipzig

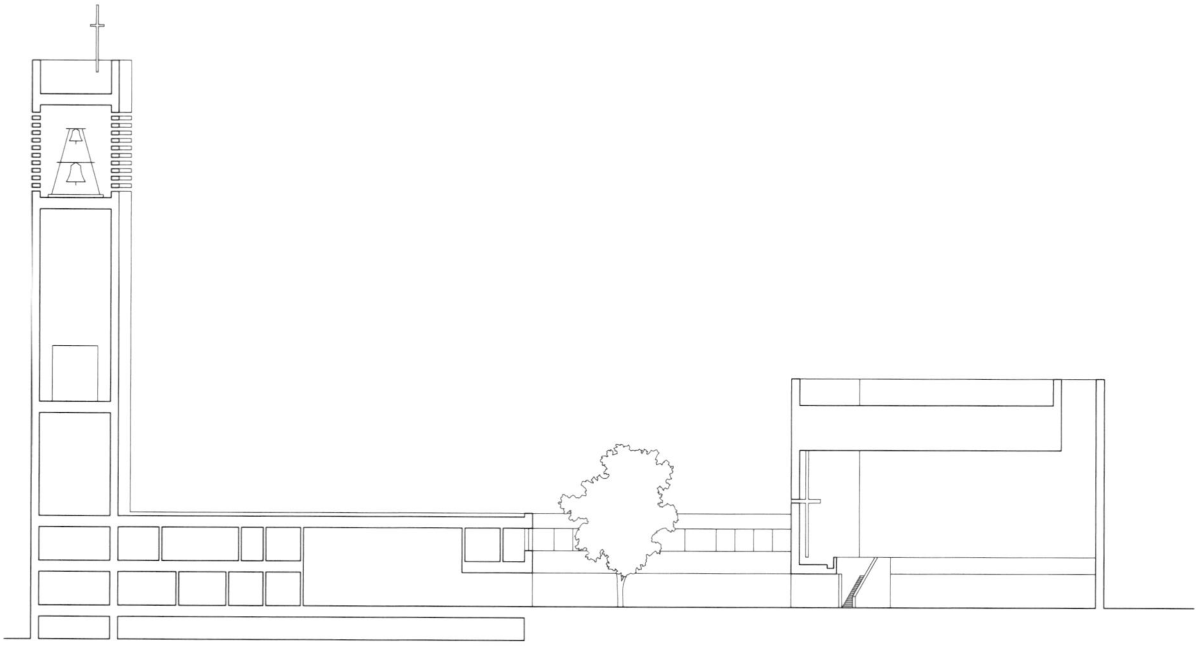

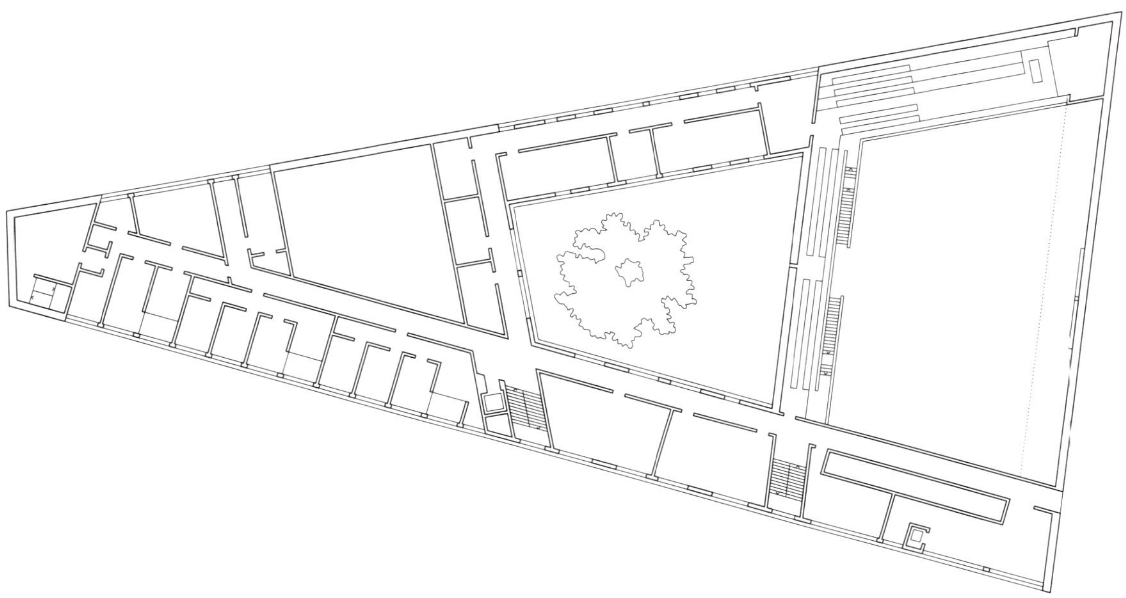

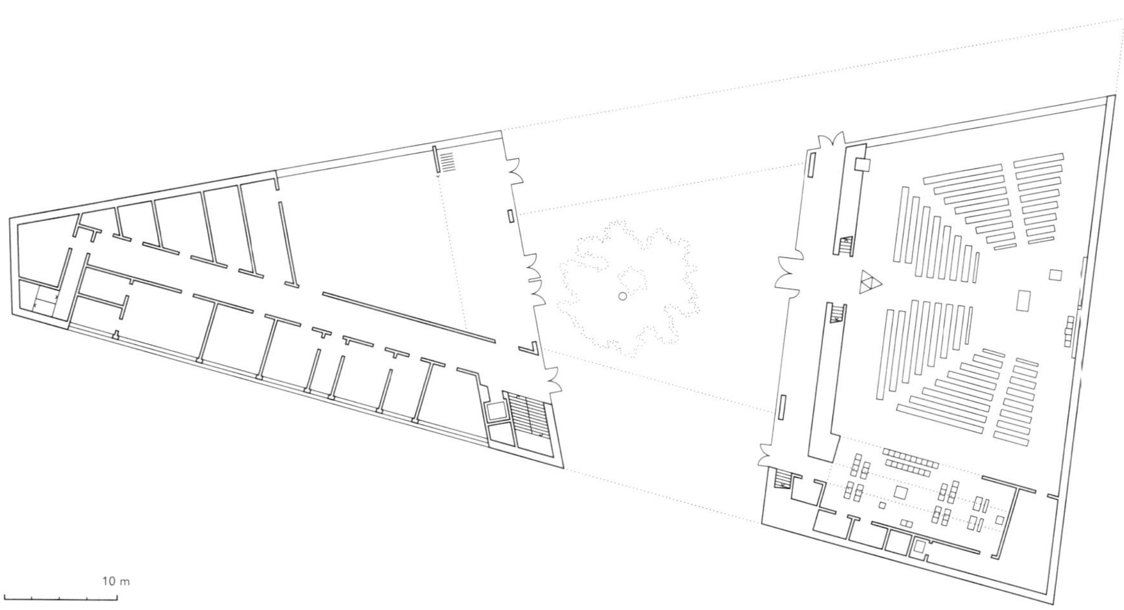

10 m

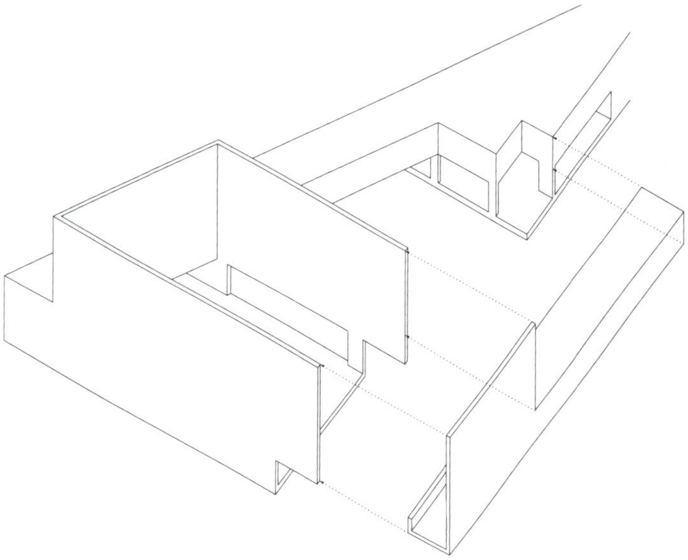

ROSENPAVILLON, REMSHALDEN

Remshalden ist einer von 16 Orten der Landesgartenschau Remstal 2019, die sich in einer Länge von über 80 Kilometern entlang der Rems erstreckt. Der Rosenpavillon befindet sich an der höchstgelegenen Stelle des neuen Bürgerparks und bietet einen Rundumblick in die Landschaft. Er steht in der Tradition eines offenen Musikpavillons und dient als Bühne, Treffpunkt und sichtbares Erkennungszeichen des Gartenschauareals in Remshalden. Über einem fünfeckigen Grundriss erhebt sich die Struktur eines reziproken Dachtragwerks, dessen Stäbe sich so aufeinander abstützen, dass ihre Spannweite immer weiter verringert und das Dach in Ringen geschlossen wird. Neben dem geometrischen Spiel der Konstruktion, das sich erst sukzessive beim Besuch des Pavillons vermittelt, entsteht eine Analogie zur strukturellen Schönheit der Blüte einer Rose.

ROSE PAVILION, REMSHALDEN

Remshalden is one of the 16 locations of the 2019 Remstal State Garden Show, which stretches over a distance of 80 km along the River Rems. The Rose Pavilion is situated at the highest point of the new public park, providing an all-round view of the landscape. It picks up on the tradition of an open music pavilion and serves as a stage, a meeting place and a visible landmark of the garden show grounds in Remshalden. A reciprocal, load-bearing roof structure rises up from its pentagonal footprint, its supports resting upon each other so that the spans are gradually reduced, closing the roof in rings. In addition to the structure's geometrical playfulness, which pavilion visitors only gradually perceive, the pavilion also recalls the beauty of a rose bloom.

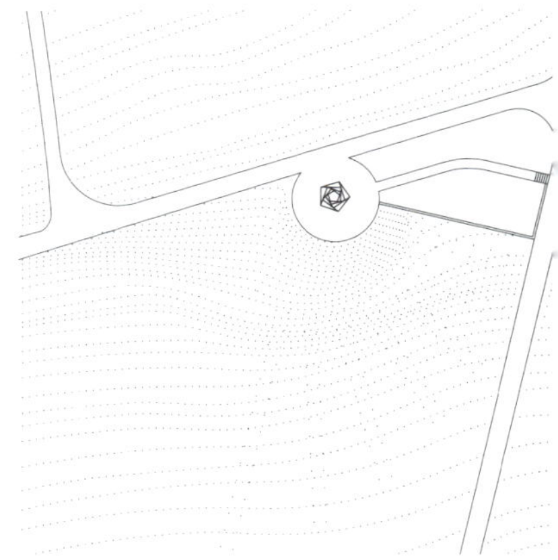

Projekt: 2016–2018
Ausführung: 2019
Bauherr: Gemeinde Remshalden
Mitarbeiter: Taina Puyn, Matthias Hönig
Bauleitung: Gemeinde Remshalden

Tragwerksplanung: Seeberger Friedl Planungsgesellschaft, München

Project: 2016–2018
Construction: 2019
Client: Municipality of Remshalden
Collaborators: Taina Puyn, Matthias Hönig
Building management: Municipality of Remshalden

Structural planning: Seeberger Friedl Planungsgesellschaft, Munich

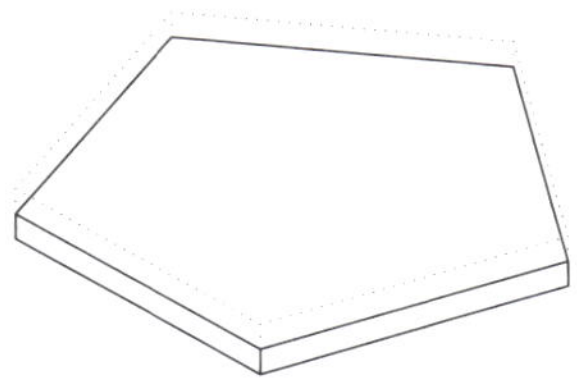

1. Fundament betonieren (frostsicher gründen)
Concrete foundation (frost-proof)

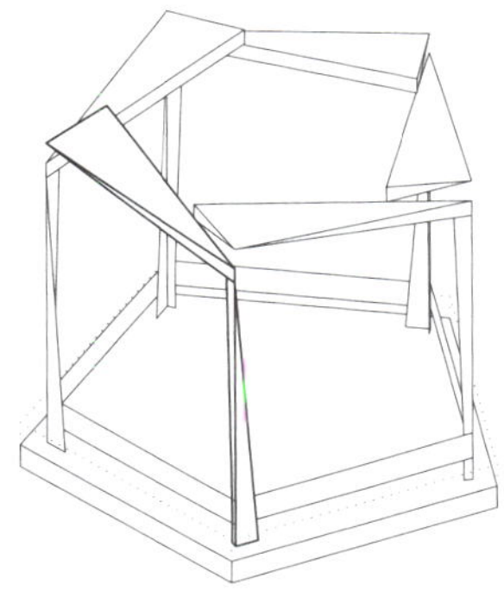

2. Rahmen auf Fundament montieren und Stahlkranz umlaufend einschweissen
Frame mounted on foundation and steel crown welded around it

3. Nächste Lage der Dachkonstruktion anschweissen
Next layer of welded roof structure

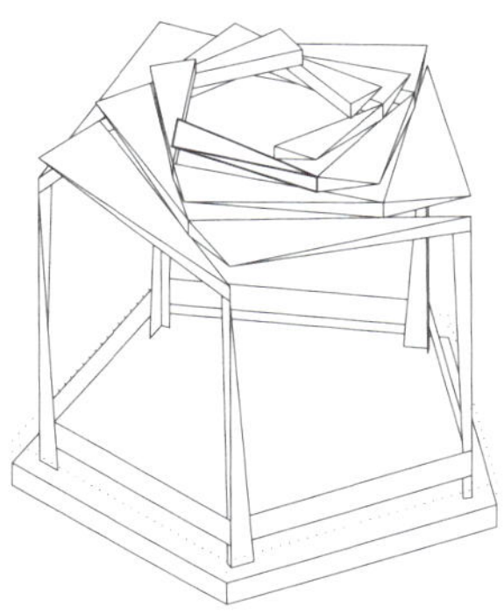

4. Letzte Lage der Dachkonstruktion anschweissen
Final layer of welded roof structure

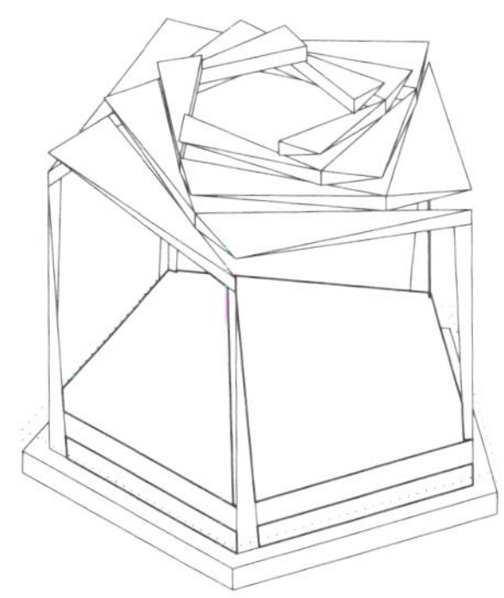

5. Stahlkranz ausbetonieren
Steel crown set in concrete

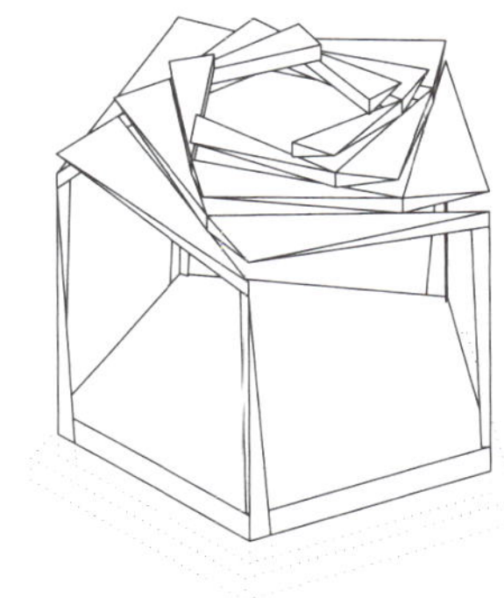

6. Gelände anfüllen
Landscaped terrain

Eine Botschaft ist die Visitenkarte eines Staats im Gastland. So will sich Deutschland in Österreich weltoffen, einladend und freundlich zeigen. Zugleich bestehen die hohen Sicherheitsanforderungen einer Auslandsvertretung. Das ist das Thema des Projekts: offen und sympathisch zu wirken, aber vor Gefahren geschützt zu sein, ohne dass man dies sieht. Zeichen der Offenheit ist die Beletage der repräsentativen Räume des Botschafters, die in der Terrasse und der Wendeltreppe in den Garten ihre Fortsetzung findet. Im Innern sind die unterschiedlichen Funktionen und Sicherheitsbereiche über einen Hallenraum optisch miteinander verbunden. Dem Botschaftsgebäude wird die erforderliche Würde und Eleganz durch eine mit weißem Naturstein verkleidete Fassade verliehen.

An embassy is the calling card of a state in another country. Germany aims to project an open, inviting and friendly image in Austria. At the same time, high security demands apply for foreign representations. That is the theme of the project: expressing openness and friendliness, with inconspicuous security measures. The "belle étage" of the prestigious embassy rooms is a symbol of openness, as they continue outwards to form a terrace with winding stairs leading to the garden. Inside, the different functions and security zones are visually connected via a hall. The façade clad in white natural stone gives the embassy building an appropriate dignity and elegance.

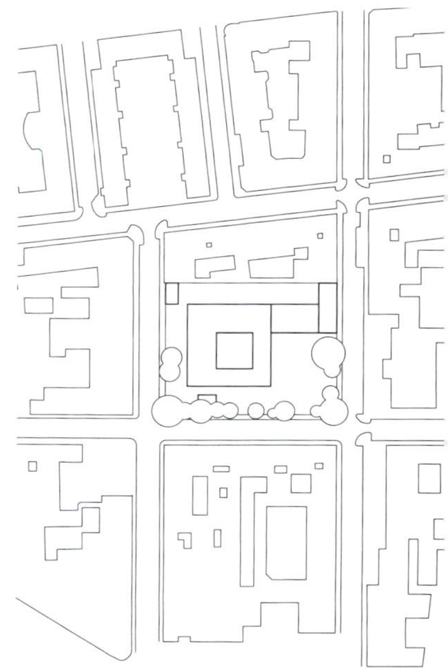

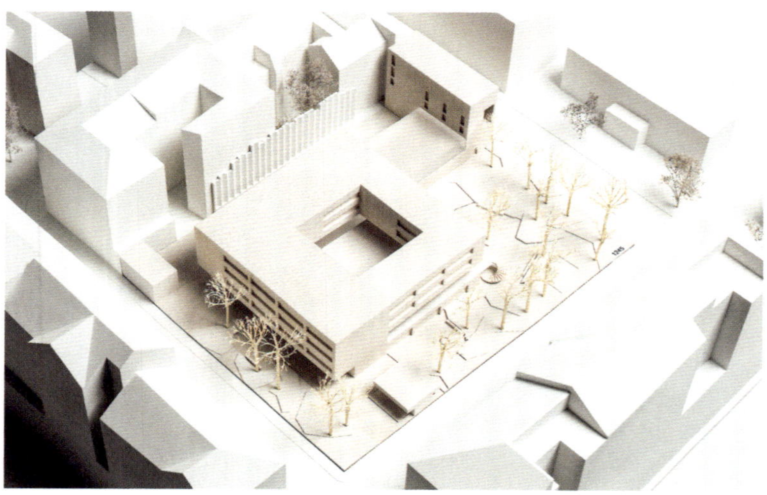

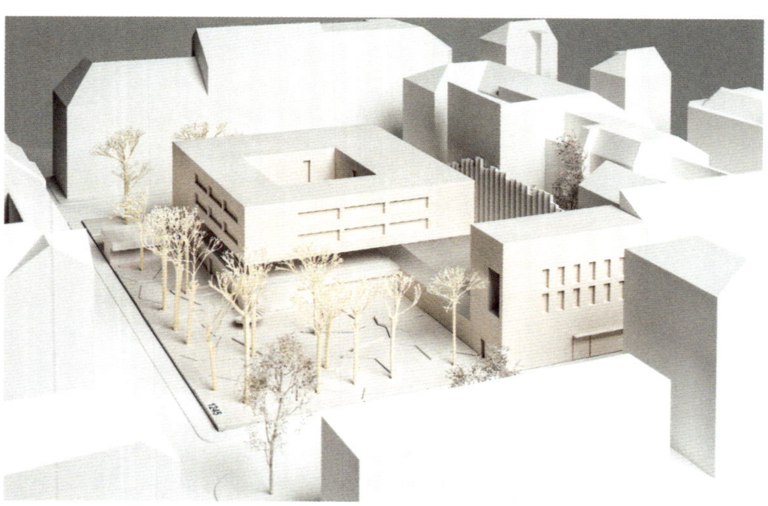

Wettbewerb: 2016
Projekt: 2016–2020
Ausführung: 2020–2022
Auftraggeber: Bundesrepublik Deutschland
Mitarbeiter: Taina Puyn, Christian Wischalla, Jana Unbehauen, Anne Gelhaar, Charlotte Reh, Lisa Flöter
Tragwerksplanung: Pichler Ingenieure, Berlin
Freianlagen: Därr Landschaftsarchitekten, Halle an der Saale

Competition: 2016
Project: 2016–2020
Construction: 2020–2022
Client: Federal Republic of Germany
Collaborators: Taina Puyn, Christian Wischalla, Jana Unbehauen, Anne Gelhaar, Charlotte Reh, Lisa Flöter
Structural planning: Pichler Ingenieure, Berlin
Exterior spaces: Därr Landschaftsarchitekten, Halle an der Saale

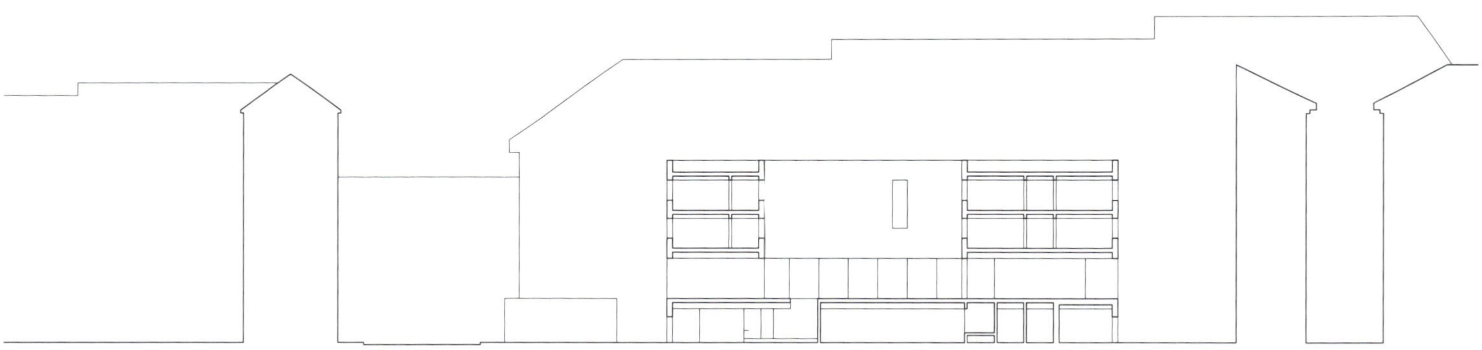

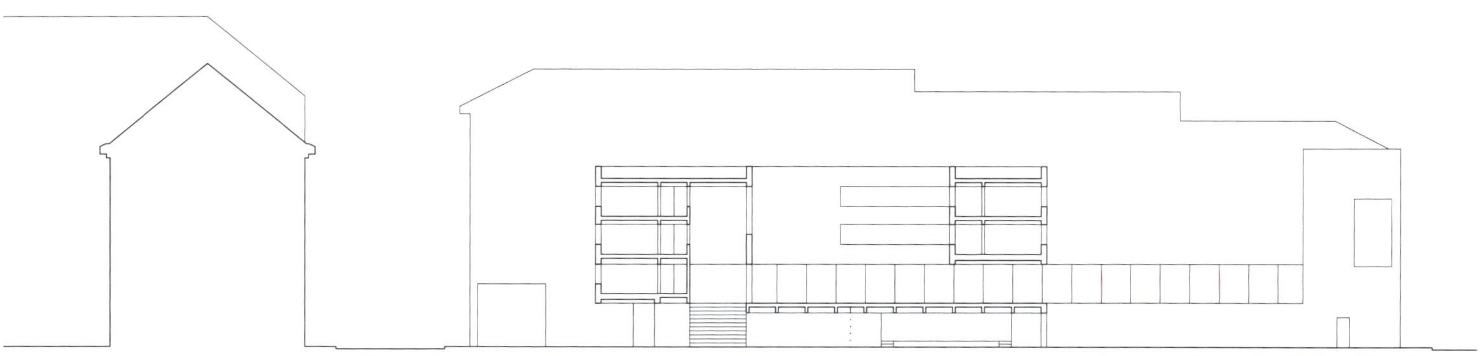

WERKVERZEICHNIS
Auswahl Bauten, Projekte und Wettbewerbe

1992		Wettbewerb Hauptstelle Sparkasse, Bochum; 1. Preis
		Wettbewerb Polizeipräsidium, Köln; 3. Preis
1993		Wettbewerb Hauptverwaltung Nürnberger Versicherungen, Nürnberg; Ankauf
1994	1	Einfamilienhaus Drückler, Witten
		Wettbewerb MDR-Zentrale, Leipzig; 5. Preis
		Wettbewerb Hauptbahnhof, Leipzig; 2. Preis
1995		Sozialwohnungen Auf dem Hollen, Witten
		Wettbewerb Deutscher Platz Nord, Leipzig; 1. Ankauf
1996		Wettbewerb Gemeindezentrum St. Pius, Witten; 1. Preis
		Wettbewerb MDR-Landesfunkhaus Thüringen, Erfurt; 1. Preis
		Wettbewerb Museo del Prado, Madrid; engere Wahl
1997		Sanierung Wohnanlage Mockau-Ost, Leipzig
		Wettbewerb Stadtreinigung, Leipzig; 1. Preis
1998		Sanierung Wohnanlage Rosenowstraße, Leipzig
		Sanierung Wohnanlage Wachsmuthstraße, Leipzig
1999		Umbau und Sanierung Villa Kleiststraße, Leipzig
		Wettbewerb Stuttgarter Allee, Leipzig; 1. Preis
2000		Wohnanlage «Rote Front», Leipzig
		Turmsanierung Bethanienkirche, Leipzig
		Wettbewerb Emil-Schumacher-Museum, Hagen; 1. Ankauf
2001		Zentraler Betriebshof Stadtreinigung, Leipzig
		Infektologische Isoliereinheit, Frankfurt/M.
2002		Wettbewerb Pionierschule und Fachschule des Heeres für Bautechnik, Ingolstadt; Ankauf
2003	2	Hauptschule Lerchenfeld, Freising; Wettbewerb 2000; 1. Preis
	3	Erweiterung Neue Nikolaischule, Leipzig; Wettbewerb 2000; 1. Preis
		Wettbewerb Olympia-Ausstellungsgebäude, Leipzig; 3. Preis
2004		Pathologisches Institut, Köln
		Wettbewerb Kunstmuseum Moritzburg des Landes Sachsen-Anhalt, Halle/Saale; 3. Preis
2005		Wolkenlabor des Instituts für Troposphärenforschung, Leipzig
		Wettbewerb Dreifachsporthalle, Brannenburg; 1. Preis
		Wettbewerb Mineralienmuseum Schloss Freudenstein, Freiberg; 2. Preis
2006		Wettbewerb Kindertageseinrichtungen in Systembauweise, München; Sonderpreis
2007		Pflegezentrum Voß'scher Garten, Witten; Wettbewerb 2002; 1. Preis
		Wettbewerb Stadtmuseum, Wiesbaden; Ankauf
		Wettbewerb Fortbildungszentrum Auswärtiges Amt, Berlin; 3. Preis
2008		Lehrsammlung Historische Fahrzeuge, Westsächsische Hochschule, Zwickau; Wettbewerb 2007; 1. Preis
		Internat des Landesgymnasiums für Musik «Carl Maria von Weber», Dresden; Wettbewerb 2006; 1. Preis
	4	Polizeirevier Chemnitz-Süd; Wettbewerb 2005; 1. Preis
2009		Sonderlabore Universität Leipzig; Wettbewerb 2004; 1. Preis
	5	Bundeshandelsakademie/Bundeshandelsschule, Feldkirch (Österreich); Wettbewerb 2004; 1. Preis
		Wettbewerb Feuerwache 1, Nürnberg; 2. Preis
	6	Wettbewerb Forschungszentrum für Maschinenbau und Informatik TU Berlin; 1. Preis
2010		Rechen- und Logistikzentrum Institut für Troposphärenforschung, Leipzig
		Staatliche Realschule mit Vierfachsporthalle, Memmingen; Wettbewerb 2007, 1. Preis
	7	Wettbewerb Museum Sander Mathildenhöhe, Darmstadt; 1. Preis
2011		Sporthalle Franz-Mehring-Schule, Leipzig
	8	Gebäude 115, Universität Erlangen-Nürnberg
	9	Wettbewerb Kirchenzentrum Seliger Pater Rupert Mayer Poing; 3. Preis
2012	10	Feuerwache Altstadt Dresden; Wettbewerb 2008; 1. Preis
	11	Hotelfachschule Berlin; Wettbewerb 2008; 1. Preis
		Wettbewerb Feuer- und Rettungswache Weidendamm; Hannover; 2. Preis
	12	Wettbewerb Neue Kirche, Våler (Norwegen); Anerkennung
	13	Wettbewerb Museums- und Kulturforum Südwestfalen, Arnsberg; 1. Preis
2013		Wettbewerb Center for Eco-efficient Materials & Technologies, Bremen; 3. Preis
		Wettbewerb Neue Konzernzentrale Intershop, Jena; 1. Preis
		Wettbewerb Strafjustizzentrum, München; 3. Preis
2014		Technisches Zentrum Heiterblick der Leipziger Verkehrsbetriebe (LVB); Wettbewerb 2003, 1. Preis
		Kindertageseinrichtungen in Systembauweise, München

1

2

3

4

5

6

7

8

9

10

11

12

13

LIST OF WORKS

Selection of buildings, projects and competitions

Year	No.	Work
1992		Competition, Sparkasse headquarters, Bochum; 1st Prize
		Competition, Police headquarters, Cologne; 3rd Prize
1993		Competition, Nürnberger Versicherungen headquarters, Nuremberg; Purchase
1994	1	Drückler single-family home, Witten
		Competition, MDR headquarters, Leipzig; 5th Prize
		Competition, Central Station, Leipzig; 2nd Prize
1995		Auf dem Hollen social housing, Witten
		Competition, Deutscher Platz Nord, Leipzig; 1st Purchase
1996		Competition, St. Pius community centre, Witten; 1st Prize
		Competition, MDR Landesfunkhaus Thüringen, Erfurt; 1st Prize
		Competition, Museo del Prado, Madrid; shortlist
1997		Renovation, Mockau-Ost housing, Leipzig
		Competition, Municipal waste disposal, Leipzig; 1st Prize
1998		Renovation, Rosenowstrasse housing estate, Leipzig
		Renovation, Wachsmuthstrasse housing estate, Leipzig
1999		Conversion and renovation, Villa Kleiststrasse, Leipzig
		Competition, Stuttgarter Allee, Leipzig; 1st Prize
2000		Rote Front housing estate, Leipzig
		Tower renovation, Bethanienkirche, Leipzig
		Competition, Emil-Schumacher-Museum, Hagen; 1st Purchase
2001		Waste Disposal Centre, Leipzig
		Infektologische Isoliereinheit, Frankfurt/M.
2002		Competition, Pionierschule und Fachschule des Heeres für Bautechnik, Ingolstadt; Purchase
2003	2	Lerchenfeld Comprehensive School, Freising; Competition in 2000, 1st Prize
	3	Extension, Neue Nikolaischule, Leipzig; Competition in 2000, 1st Prize
		Competition, Olympic exhibition building, Leipzig; 3rd Prize
2004		Pathological Institute, Cologne
		Competition, Kunstmuseum Moritzburg des Landes Sachsen-Anhalt, Halle/Saale; 3rd Prize
2005		Cloud Laboratory, Institute for Tropospheric Research, Leipzig
		Competition, Triple sports hall, Brannenburg; 1st Prize
		Competition, Schloss Freudenstein Mineral Museum, Freiberg; 2nd Prize
2006		Competition, Kindergarten facilities, modular construction, Munich; Special Prize
2007		Voß'scher Garten nursing centre, Witten; Competition in 2002, 1st Prize
		Competition, City Museum, Wiesbaden; Purchase
		Competition, Foreign Office Training Centre, Berlin; 3rd Prize
2008		Teaching collection of historical automobiles, University of Applied Sciences of Zwickau; Competition in 2007, 1st Prize
		Boarding school, Carl Maria von Weber State High School for Music, Dresden; Competition in 2006, 1st Prize
	4	Chemnitz South police headquarters; Competition in 2005, 1st Prize
2009		Special laboratories, University of Leipzig; Competition in 2004, 1st Prize
	5	Federal Business School, Feldkirch (A); Competition in 2004, 1st Prize
		Competition, Fire Station 1 in Nuremberg; 2nd Prize
	6	Competition, Mechanical engineering and IT research centre, TU Berlin; 1st Prize
2010		Computer and logistics centre, Leibniz Institute for Tropospheric Research, Leipzig
		State comprehensive school with quadruple sports hall, Memmingen; Competition in 2007, 1st Prize
	7	Competition, Museum Sander Mathildenhöhe, Darmstadt; 1st Prize
2011		Franz Mehring School sports hall, Leipzig
	8	Building 115, Universität Erlangen-Nürnberg
	9	Competition, Seliger Pater Rupert Mayer church centre, Poing; 3rd Prize
2012	10	Dresden Altstadt fire station; Competition in 2008, 1st Prize
	11	Hotel training school, Berlin; Competition in 2008, 1st Prize
		Competition, Weidendamm fire and ambulance station; Hanover; 2nd Prize
	12	Competition, new church, Våler (Norway); Recognition
	13	Competition, Museums- und Kulturforum Südwestfalen, Arnsberg; 1st Prize
2013		Competition, Center for Eco-Efficient Materials & Technologies, Bremen; 3rd Prize
		Competition, new corporate headquarters for Intershop, Jena; 1st Prize
		Competition, prison centre, Munich; 3rd Prize

2014	14	TRIAS-Hochhaus, Leipzig; Wettbewerb 2010, 1. Preis
	15	Hafenatelier Kap, Zwenkau
	16	Wettbewerb Neubau Deutsche Botschaft, Tiflis; 2. Preis
		Wettbewerb Deutscher Bundestag, Bürogebäude Dorotheenstraße 85, Berlin; 2. Preis
	17	Wettbewerb Neugestaltung St.-Hedwigs-Kathedrale, Berlin; Anerkennung
2015		Raumschießanlage und Integrierte Fortbildung der Polizei Sachsen, Dresden; Wettbewerb 2006; 1. Preis
		Katholische Propsteikirche St. Trinitatis, Leipzig; Wettbewerb 2009, 1. Preis
	18	Berufs- und Fachoberschule mit Dreifachsporthalle Nordhaide, München; Wettbewerb 2011, 1. Preis
		Wettbewerb Justizzentrum, Freiburg; 2. Preis
		Wettbewerb Hotel und Busterminal Hauptbahnhof, Leipzig; 2. Preis
	19	Wettbewerb DFB Akademie und Zentrale, Frankfurt/Main; 3. Preis
		Wettbewerb Campus Neues Palais Universität Potsdam; 3. Preis
2016		Berufliche Oberschule mit Zweifachsporthalle, Regensburg; Wettbewerb 2012, 1. Preis
		Wettbewerb Wohnhochhaus am Theodor-Loos-Weg, Berlin; 2. Preis
		Wettbewerb Evangelischer Altarplatz im Dom St. Petri, Bautzen; besondere Erwähnung
	20	Wettbewerb Schulanlage Freilager, Zürich; 4. Preis
		Wettbewerb Auswärtiges Amt Herrichtung Kurstraße 33–35, Berlin; 3. Preis
	21	Wettbewerb Besucher- und Dokumentationszentrum in Gardelegen; 3. Preis
		Wettbewerb Musikzentrum Baden-Württemberg, Plochingen; 4. Preis
2017	22	Staatsanwaltschaft, Ulm; Wettbewerb 2010, 1. Preis
	23	Laborgebäude Institut für Troposphärenforschung, Leipzig
		Wettbewerb Evangelisches Kirchenzentrum Oxford-Quartier in Münster; 2. Preis
2018		Sporthallen Neue Schönholzer Straße, Berlin; Wettbewerb 2009, 1. Preis
		Kantinen- und Konferenzgebäude AKNZ Ahrweiler (mit Bayer I Uhrig); Wettbewerb 2010, 1. Preis
		Gebäude N Hochschule Karlsruhe; Wettbewerb 2013, 1. Preis
		Wettbewerb Kammerspiele, Ingolstadt; Anerkennung
	24	Archiv der Avantgarden im Blockhaus, Dresden; 2. Preis
2019	25	Erweiterungsbauten Gemeinschaftsschule Campus Rütli, Berlin; Wettbewerb 2011, 1. Preis
		Technikum Deutsches Biomasseforschungszentrum, Leipzig; Wettbewerb 2013, 1. Preis
		Nordkopf Tower, Wolfsburg; Wettbewerb 2014, 1. Preis
		Sporthalle Hans-und-Hilde-Coppi-Gymnasium, Berlin; Wettbewerb 2014, 1. Preis
		Studierendenzentrum der Hochschule Hannover; Wettbewerb 2015, 1. Preis
		Wettbewerb Entwicklung Areal Sternburg-Brauerei Leipzig; 1. Preis (mit Bayer I Uhrig)

LAUFENDE PROJEKTE

2020		Grundschule mit zwei Schulsporthallen, Leipzig; Wettbewerb 2016, 1. Preis
		Institutsgebäude C15/C16 Technische Hochschule Mittelhessen, Gießen; Wettbewerb 2016, 1. Preis
		Niederlassung Schmitt + Sohn, Karlovy Vary (CZ)
2021	26	Das neue Schalke – Umbau des gesamten Vereinsgeländes in Gelsenkirchen
		Tor Auf Schalke, Gelsenkirchen; Wettbewerb 2012, 1. Preis
		Sächsisches Krankenhaus Altscherbitz, Leipzig; Wettbewerb 2014, 1. Preis
		Technisches Zentrum Heiterblick der Leipziger Verkehrsbetriebe (LVB) BA II.2a
2022		Deutsche Botschaft Wien (A); Wettbewerb 2016, 1. Preis
2025		Grundschule Senftenauerstraße mit Sporthalle und Schwimmhalle, München; Wettbewerb 2017, 1. Preis

14

15

16

17

18

19

20

21

22

23

24

25

26

Year	No.	Project
2014		Heiterblick technical centre, Leipzig public transport (LVB); Competition in 2003, 1st Prize
		Kindergarten with modular construction, Munich
	14	TRIAS high-rise building, Leipzig; Competition in 2010, 1st Prize
	15	Hafenatelier Kap, Zwenkau
	16	Competition, new German Embassy building, Tblisi; 2nd Prize
		Competition, German Bundestag office building, Dorotheenstraße 85, Berlin; 2nd Prize
	17	Competition, redesign, St. Hedwig's Cathedral, Berlin;
2015		Indoor shooting range and integrated Saxony police training centre, Dresden; Competition in 2006, 1st Prize
		St. Trinitatis Catholic church, Leipzig; Competition in 2009, 1st Prize
	18	Nordhaide vocational school with triple sports hall, Munich; Competition in 2011, 1st Prize
		Competition, law centre, Freiburg; 2nd Prize
		Competition, hotel and bus terminal, Leipzig Central Station; 2nd Prize
	19	Competition, DFB academy and headquarters, Frankfurt/Main; 3rd Prize
		Competition, "Neues Palais" Campus, Universität Potsdam; 3rd Prize
2016		Vocational school with double sports hall, Regensburg; Competition in 2012, 1st Prize
		Competition, high-rise residential building, Theodor-Loos-Weg, Berlin; 2nd Prize
		Competition, protestant altar, Cathedral of St. Peter, Bautzen; Special mention
	20	Competition, Freilager school facility, Zurich; 4th Prize
		Competition, Foreign Office, fitting out, Kurstrasse 33–35, Berlin; 3rd Prize
	21	Competition, Visitors' and documentation centre in Gardelegen; 3rd Prize
		Competition, Baden-Wuerttemberg Music Centre, Plochingen; 4th Prize
2017	22	Public prosecutor's office, Ulm; Competition in 2010, 1st Prize
	23	Laboratory building, Institute for Tropospheric Research, Leipzig
		Competition, Protestant Church centre, "Oxford" district, Münster; 2nd Prize
2018		Sports halls, Neue Schönholzer Strasse, Berlin; Competition in 2009, 1st Prize
		Canteen and conference building, AKNZ Ahrweiler (with Bayer I Uhrig); Competition in 2010, 1st Prize
		Building N, Karlsruhe University; Competition in 2013, 1st Prize
		Competition, Chamber theatre, Ingolstadt; Recognition
	24	Archive, Avantgarden im Blockhaus, Dresden; 2nd Prize
2019	25	Extension building, Campus Rütli comprehensive school, Berlin; Competition 2011, 1st Prize
		Technical centre, German Biomass Research Center, Leipzig; Competition in 2013, 1st Prize
		Nordkopf Tower, Wolfsburg; Competition in 2014, 1st Prize
		Sports hall, "Hans und Hilde Coppi" secondary school, Berlin; Competition in 2014, 1st Prize
		Studierendenzentrum der Hochschule Hannover; Competition in 2015, 1st Prize
		Competition, Development, Sternburg brewery, Leipzig, 1st Prize (with Bayer I Uhrig)

CURRENT PROJECTS

Year	No.	Project
2020		Primary school with two sports halls, Leipzig; Competition in 2016, 1st Prize
		Institute building C15/C16, TH Mittelhessen University of Applied Sciences, Gießen; Competition in 2016, 1st Prize
		Schmitt + Sohn branch, Karlovy Vary (CZ)
2021	26	Das neue Schalke, conversion of the entire club grounds in Gelsenkirchen
		Tor Auf Schalke, Gelsenkirchen; Competition in 2012, 1st Prize
		Sächsisches Krankenhaus Altscherbitz, Leipzig; Competition in 2014, 1st Prize
		Heiterblick technical centre, Leipzig public transport (LVB) BA II.2a
2022		German Embassy, Vienna (A); Competition in 2016, 1st Prize
2025		Primary school, Senftenauerstrasse, with sports hall and indoor swimming facility, Munich; Competition in 2017, 1st Prize

ANSGAR SCHULZ

1966	geboren in Witten/Ruhr
1985–1992	Studium der Architektur an der RWTH Aachen und der ETSAM – Universidad Politécnica de Madrid, ES
1990–	Mitglied bei Schalke 04
1992	Gründung des Büros Schulz und Schulz zusammen mit seinem Bruder Benedikt in Leipzig
2002–	Mitglied des Bund Deutscher Architekten (BDA)
2002–2004	Lehrtätigkeit an der TU Karlsruhe
2004–	Mitglied im Arbeitskreis junger Architektinnen und Architekten (AKJAA) des BDA
2004–2009	Mitglied des Landesvorstands des BDA Sachsen
2005–2010	Leiter der BDA-Regionalgruppe Leipzig
2010–2018	Professor an der TU Dortmund, leitete dort gemeinsam mit seinem Bruder den Lehrstuhl Baukonstruktion an der Fakultät Architektur und Bauingenieurwesen
2015	Mitglied des Deutschen Werkbund Berlin, (DWB)
2018–	Professor für Entwerfen und Konstruieren an der Architekturfakultät der TU Dresden
	In den Konvent der Bundesstiftung Baukultur wurde er 2010, 2016 und 2018 berufen

BENEDIKT SCHULZ

1968	geboren in Witten/Ruhr
1988–1994	Studium der Architektur an der RWTH Aachen und der Universidad Católica Nuestra Señora de la Asunción, PY
1990–	Mitglied bei Schalke 04
1992	Gründung des Büros Schulz und Schulz zusammen mit seinem Bruder Ansgar in Leipzig
1995–1996	Wissenschaftlicher Assistent an der RWTH Aachen
2002–	Mitglied des Bund Deutscher Architekten (BDA)
2002–2004	Lehrtätigkeit an der TU Karlsruhe
2004–	Mitglied im Arbeitskreis junger Architektinnen und Architekten (AKJAA) des BDA
2006–2009	Sprecher des AKJAA
2010	Berufung an die Sächsische Akademie der Künste
2010–2018	Professor an der TU Dortmund, leitete dort gemeinsam mit seinem Bruder den Lehrstuhl Baukonstruktion an der Fakultät Architektur und Bauingenieurwesen
2015–	Mitglied des Deutschen Werkbund Berlin (DWB)
2018–	Professor für Entwerfen und Konstruieren an der Architekturfakultät der TU Dresden

MITARBEITENDE

aktuell	Teresa Baumann, Elisenda Billig, Steffen Böhm, Marius Ellwanger, Moritz Engel, Daniel Esser, Lisa Flöter, Peter Gaffron, Anne Gelhaar, Felix Haunstein, Claudia Hildebrandt, Matthias Hönig, Andrea Jurczek, Rafael Tizian Kosuch, Carolin Michel, Anna-Maria Nießing, Joel Iván Perez, Taina Puyn, Charlotte Katharina Reh, Bodo Roßberg, Eberhard Rühl, Dominik Schürmann, Katrin Slaby, Jana Unbehauen, Evelin Wagler, Taohui Yang
ehemalig	Laurenz Andritz, Sebastian Attelmann, Karen Bachmann, Mitko Baramov, Alexander Bauer, Nico Beschnidt, Remi Bonnefous, Christian Bruhn, René Büttner, Hye Lim Chun, Torsten Claus, Mathias Eicher, Maik Engfer, Ronald Falk, Moritz Finkl, Thomas Fischer, Jörg Fritsche, Maria Fröhlich, Karina Gnüchtel, Thomas Gohr, Uwe Graalfs, Martin Grasse, Martin Greiling, Andreas Gülzow, Steffi Häfner, Tim Hanke, Christian Hartwig, Florian Heiland, Rolf Hergert, Philipp Hesse, Raphael Hilz, Dirk Höhne, Claudio Husch, Florian Husemeyer, Christoph Jennicke, Nguyen Chi Kein, Michaela Kirsche, Alexej Kolyschkow, Katrin Kortleben, Katharina Kroth, Kathleen Kunz, Sandy Lapp, Andreas Lasarczik, Dirk Lämmel, Kai Katarina Leicher, Karsten Liebner, Seungbin Lim, Julia Löffler, Albrecht Lutter, Sascha Meinel, Henning Michelsen, Maria Mitschke, Julian Möhring, Janin Moritz, Anja Naumann, Sandra Nestroi, Madeleine Onneken, Mathias Opitz, Masafumi Oshiro, Hannes Pohlmann, Christopher Rien, Katja Rieprecht, Lucía Martínez Rodríguez, Wilhelm Rosenberger, Eulalia Martin Sastre, Lutz Schilbach, Michael Schoener, Lucas Schrader, Per-Christian Schultze, Andrea Schuster, Hagen Schuster, Martin Seibel, Stephan Seiler, Dagmara Sietko-Sierkiewicz, Anne Stelzer, Christopher John Stepan, Gero Strnad, Heike Strunz, Gordon Tannhäuser, Cristina Carreras Torres, Carola Troll, Magdalena Tunak, Max Wasserkampf, Oliver Weber, Constanze Weigel, Roger van Well, David Weclawowicz, Stefan Weiske, Christian Wischalla, Lothar Wolter, Juliane Zabel, Clemens Zirkelbach

KATHARINA BENJAMIN (TEXTBEITRAG)

1988	geboren in Bergisch Gladbach
2010–2014	Bachelorstudium der Architektur an der Bauhaus-Universität Weimar
2015–2018	Masterstudium der Architektur an der Bauhaus-Universität Weimar
2017	Gründung des digitalen Architekturmagazins *Kontextur*
2018–2019	Wissenschaftliche Mitarbeiterin an der Bauhaus-Universität Weimar
2019–	Wissenschaftliche Mitarbeiterin an der TU Dresden

ANSGAR SCHULZ

1966	Born in Witten/Ruhr
1985–1992	Studied Architecture at the RWTH Aachen and the ETSAM – Universidad Politécnica de Madrid, ES
1990–	Member of Schalke 04
1992	Founded the office Schulz und Schulz together with his brother Benedikt in Leipzig
2002–	Member of the Association of German Architects (BDA)
2002–2004	Teaching position at the TU Karlsruhe
2004–	Member, Working Group of Young Architects (AKJAA) of the BDA
2004–2009	Member of the State Committee, BDA Saxony
2005–2010	Head of the BDA Regional Group
2010–2018	Professor at the TU Dortmund, jointly responsible with his brother for the Chair of Building Construction in the Faculty of Architecture and Civil Engineering
2015	Member, Deutsche Werkbund Berlin, (DWB)
2018–	Professor of Design and Construction, Architecture Faculty of the TU Dresden
	Member of the Convention of the Federal Foundation of Baukultur in 2010, 2016 and 2018.

BENEDIKT SCHULZ

1968	Born in Witten/Ruhr
1988–1994	Studied Architecture at the RWTH Aachen and the Universidad Católica Nuestra Señora de la Asunción, PY
1990–	Member of Schalke 04
1992	Founded the office Schulz und Schulz together with his brother Ansgar in Leipzig
1995–1996	Research Assistant at the RWTH Aachen
2002–	Member of the Association of German Architects (BDA)
2002–2004	Teaching position at the TU Karlsruhe
2004–	Member, Working Group of Young Architects (AKJAA) of the BDA
2006–2009	Spokesman of the AKJAA
2010	Member, Sächsische Akademie der Künste
2010–2018	Professor at the TU Dortmund, jointly responsible with his brother for the Chair of Building Construction in the Faculty of Architecture and Civil Engineering
2015–	Member, Deutsche Werkbund Berlin (DWB)
2018–	Professor of Design and Construction, Architecture Faculty of the TU Dresden

COLLABORATORS

current	Teresa Baumann, Elisenda Billig, Steffen Böhm, Marius Ellwanger, Moritz Engel, Daniel Esser, Lisa Flöter, Peter Gaffron, Anne Gelhaar, Felix Haunstein, Claudia Hildebrandt, Matthias Hönig, Andrea Jurczek, Rafael Tizian Kosuch, Carolin Michel, Anna-Maria Nießing, Joel Iván Perez, Taina Puyn, Charlotte Katharina Reh, Bodo Roßberg, Eberhard Rühl, Dominik Schürmann, Katrin Slaby, Jana Unbehauen, Evelin Wagler, Taohui Yang
former	Laurenz Andritz, Sebastian Attelmann, Karen Bachmann, Mitko Baramov, Alexander Bauer, Nico Beschnidt, Remi Bonnefous, Christian Bruhn, René Büttner, Hye Lim Chun, Torsten Claus, Mathias Eicher, Maik Engfer, Ronald Falk, Moritz Finkl, Thomas Fischer, Jörg Fritsche, Maria Fröhlich, Karina Gnüchtel, Thomas Gohr, Uwe Graalfs, Martin Grasse, Martin Greiling, Andreas Gülzow, Steffi Häfner, Tim Hanke, Christian Hartwig, Florian Heiland, Rolf Hergert, Philipp Hesse, Raphael Hilz, Dirk Höhne, Claudio Husch, Florian Husemeyer, Christoph Jennicke, Nguyen Chi Kein, Michaela Kirsche, Alexej Kolyschkow, Katrin Kortleben, Katharina Kroth, Kathleen Kunz, Sandy Lapp, Andreas Lasarczik, Dirk Lämmel, Kai Katarina Leicher, Karsten Liebner, Seungbin Lim, Julia Löffler, Albrecht Lutter, Sascha Meinel, Henning Michelsen, Maria Mitschke, Julian Möhring, Janin Moritz, Anja Naumann, Sandra Nestroi, Madeleine Onneken, Mathias Opitz, Masafumi Oshiro, Hannes Pohlmann, Christopher Rien, Katja Rieprecht, Lucía Martínez Rodríguez, Wilhelm Rosenberger, Eulalia Martin Sastre, Lutz Schilbach, Michael Schoener, Lucas Schrader, Per-Christian Schultze, Andrea Schuster, Hagen Schuster, Martin Seibel, Stephan Seiler, Dagmara Sietko-Sierkiewicz, Anne Stelzer, Christopher John Stepan, Gero Strnad, Heike Strunz, Gordon Tannhäuser, Cristina Carreras Torres, Carola Troll, Magdalena Tunak, Max Wasserkampf, Oliver Weber, Constanze Weigel, Roger van Well, David Weclawowicz, Stefan Weiske, Christian Wischalla, Lothar Wolter, Juliane Zabel, Clemens Zirkebach

KATHARINA BENJAMIN (ARTICLE)

1988	Born in Bergisch Gladbach
2010–2014	Bachelor studies in Architecture at the Bauhaus-Universität Weimar
2015–2018	Master studies in Architektur at the Bauhaus-Universität Weimar
2017	Founded the digital architecture magazine *Kontextur*
2018–2019	Research Associate, Bauhaus-Universität Weimar
2019–	Research Associate, TU Dresden

AUSZEICHNUNGEN

1999	Hieronymus-Lotter-Preis der Stadt Leipzig, Anerkennung (Villa Kleistraße, Leipzig)
2001	Europäischer Kalksandsteinpreis, Anerkennung (Zentraler Betriebshof Stadtreinigung, Leipzig)
	Sächsischer Staatspreis für Architektur, Anerkennung (Zentraler Betriebshof Stadtreinigung, Leipzig)
	Sächsischer Umweltpreis für Solares Bauen, 1. Preis (Zentraler Betriebshof Stadtreinigung, Leipzig)
2003	Architekturpreis der Stadt Leipzig, Anerkennung (Neue Nikolaischule, Leipzig)
2004	DEUBAU-Preis für junge Architekten, Anerkennung (Hauptschule Lerchenfeld, Freising)
2007	BDA-Preis Sachsen (Wolkenlabor, Leipzig)
	Deutscher Architekturpreis, Anerkennung (Wolkenlabor, Leipzig)
	Architekturpreis der Stadt Leipzig (Wolkenlabor, Leipzig)
2008	best architects 08 (Wolkenlabor, Leipzig)
2009	best architects 09 (Polizeirevier Chemnitz-Süd)
	Deutscher Fassadenpreis für VHF (Polizeirevier Chemnitz-Süd)
	Preis des Architekturforums Zwickau (Fahrzeugsammlung, Zwickau)
	Architekturpreis der Stadt Leipzig, Anerkennung (Sonderlabore Universität Leipzig)
2010	best architects 10 (Fahrzeugsammlung, Zwickau)
	BDA-Preis Sachsen, Anerkennung (Sonderlabore Universität Leipzig)
	Mies van der Rohe Award 2011, Nominierung (Sonderlabore Universität Leipzig)
2011	Europäischer Architekturpreis 2011 Energie + Architektur, Anerkennung (Schule, Memmingen)
	best architects 12 (Sonderlabore Universität Leipzig)
	Architekturpreis der Stadt Leipzig, Anerkennung (Sonderlabore Universität Leipzig)
2012	BDA-Preis Schwaben thomaswechspreis 2012, Prämierung (Schule, Memmingen)
	3. Rosenheimer Holzbaupreis, Anerkennung (Kindertageseinrichtungen, München)
	AIT-AWARD 2012, Sports and leisure, Nomination und 1. Preis (Sporthalle Franz-Mehring-Schule, Leipzig)
	BDA-Preis Franken 2012, Anerkennung (Universität Erlangen-Nürnberg)
	best architects 13, Gold (Sporthalle Franz-Mehring-Schule, Leipzig)
	Erlweinpreis 2012, besondere Anerkennung (Internat, Dresden)
2013	BDA-Preis Sachsen 2013, Anerkennung (Sporthalle Franz-Mehring-Schule, Leipzig)
2015	best architects 16 (Hafenatelier Kap Zwenkau)
	Architekturpreis der Stadt Leipzig (Katholische Propsteikirche St. Trinitatis, Leipzig)
	Fritz-Bender-Baupreis 2015, Sonderpreis (Katholische Propsteikirche St. Trinitatis, Leipzig)
2016	BDA-Preis Sachsen 2016 (Katholische Propsteikirche St. Trinitatis, Leipzig)
	S.ARCH Award 2016, Special Mention (Katholische Propsteikirche St. Trinitatis, Leipzig)
	Europäischer Balthasar Neumann Preis 2016 (Katholische Propsteikirche St. Trinitatis, Leipzig)
	RIBA Awards for International Excellence 2016, Selection (Katholische Propsteikirche St. Trinitatis, Leipzig)
	BDA-Architekturpreis Nike 2016, Nike für Symbolik (Katholische Propsteikirche St. Trinitatis, Leipzig)
	ICONIC Awards 2016, Winner (Katholische Propsteikirche St. Trinitatis, Leipzig)
	International Prize for Sacred Architecture 2016, 3. Preis (Katholische Propsteikirche St. Trinitatis, Leipzig)
	best architects 17 (Katholische Propsteikirche St. Trinitatis, Leipzig)
	WAF Awards 2016, Religiöses Gebäude des Jahres (Katholische Propsteikirche St. Trinitatis, Leipzig)
2017	Sächsischer Staatspreis für Baukultur 2017, Anerkennung (Sonderlabore Universität Leipzig)
	Architekturpreis Gebäudeintegrierte Solartechnik 2017, Anerkennung (Katholische Propsteikirche St. Trinitatis, Leipzig)
2018	Großer DAI Preis für Baukultur 2018 (für besondere Verdienste um die Baukultur in DE und für das Lebenswerk)
2019	German Architects, Bau des Jahres 2018 (Nordkopf Tower, Wolfsburg)
	best architects 20 (Hochschule, Karlsruhe)

AUSSTELLUNGEN

Einzelausstellungen

2001	*bodenlos – Die Architektur bewohnter Baustellen*, Galerie Kleindienst, Leipzig
2005	*Greatest Hits Vol. 2*, Haus der Architekten, Dresden
	Wolkenlabor Cloud Laboratory, Aedes West, Berlin
2011	*Der autarke Raum*, Architektur Galerie, Berlin
2015	*2:1 – Maßstab in Zeichnung und Fotografie*, Werkbund Galerie, Berlin
2016–2018	*2:1 – Perfect Scale*, Architekturgalerie München, BDA Galerie Wechselraum, Stuttgart, Kirche und Kultur in St. Gertrud, Köln

Gruppenausstellungen

2004–2007	*Made in Germany – Architektur Ökologie*, Ausstellungsreihe des Goethe-Instituts zur neuen deutschen Architektur, u. a. in Barcelona, Riga, Athen, Rabat, New Delhi, Bombay, Manila, Sydney, Bangkok, Peking
2007	*NEU BAU LAND Architektur und Städtebau in den neuen Bundesländern 1990 – 2007*, Deutsches Architekturmuseum, Frankfurt/Main, und ehemaliges Kaufhaus *Blechbüchse*, Leipzig
	Große Nike Architekturpreis des Bundes Deutscher Architekten BDA, Deutsches Architekturmuseum, Frankfurt/Main
2008	*Contemporary Slovenian Architecture – Arbeitskreis Junge Architektinnen und Architekten*, Bundesministerium für Verkehr, Bau und Stadtentwicklung, Berlin
2009	*Reflexe der Moderne – Eine Architektengeneration*, Escuela Politécnica Superior, Madrid, ES; Castello del Valentino, Turin, IT
2010	*Sehnsucht*, deutscher Beitrag zur 12. Architekturbiennale *People meet in architecture*, Venedig, IT
	ROOTS – Young creative architectural talent educated in the Euregion Meuse-Rhine, SCHUNCK im Glaspaleis Heerlen, NL
2012	*Reduce Reuse Recycle*, deutscher Beitrag zur 13. Architekturbiennale, *Common Ground*, Venedig, IT
2014	*This is modern*, Deutsche Werkbund Ausstellung, Venedig, IT
2016	*Time Space Existence*, 15. Architekturbiennale, *Reporting from the Front*, Venedig, IT
2018	*Time Space Existence*, 16. Architekturbiennale, *Freespace*, Venedig, IT

AWARDS

1999	Hieronymus-Lotter-Preis der Stadt Leipzig, Commendation (Villa Kleistrasse, Leipzig)
2001	Europäischer Kalksandsteinpreis, Commendation (Waste Disposal Centre, Leipzig)
	Sächsischer Staatspreis für Architektur, Commendation (Waste Disposal Centre, Leipzig)
	Sächsischer Umweltpreis für Solares Bauen, 1st Prize (Waste Disposal Centre, Leipzig)
2003	Architekturpreis der Stadt Leipzig, Commendation (Neue Nikolaischule, Leipzig)
2004	DEUBAU-Preis für junge Architekten, Commendation (Lerchenfeld Comprehensive School, Freising)
2007	BDA-Preis Sachsen (Cloud laboratory, Leipzig)
	Deutscher Architekturpreis, Commendation (Cloud Laboratory, Leipzig)
	Architekturpreis der Stadt Leipzig (Cloud Laboratory, Leipzig)
2008	best architects 08 (Cloud Laboratory, Leipzig)
2009	best architects 09 (Chemnitz South police headquarters)
	Deutscher Fassadenpreis für VHF (Chemnitz South police headquarters)
	Preis des Architekturforums Zwickau (Vehicle collection, Zwickau)
	Architekturpreis der Stadt Leipzig, Commendation (Special laboratories, University of Leipzig)
2010	best architects 10 (Vehicle collection, Zwickau)
	BDA-Preis Sachsen, Commendation (Special laboratories, University of Leipzig)
	Mies van der Rohe Award 2011, Nomination (Special laboratories, University of Leipzig)
2011	Europäischer Architekturpreis 2011 Energie + Architektur, Commendation (School, Memmingen)
	best architects 12 (Special laboratories, University of Leipzig)
	Architekturpreis der Stadt Leipzig, Commendation (Special laboratories, University of Leipzig)
2012	BDA-Preis Schwaben thomaswechspreis 2012, Prize-Winner (School, Memmingen)
	3. Rosenheimer Holzbaupreis, Commendation (Kindergarten facilities, Munich)
	AIT-AWARD 2012, Sports and leisure, Nomination and 1st Prize (Franz Mehring School sports hall, Leipzig)
	BDA-Preis Franken 2012, Commendation (Universität Erlangen-Nürnberg)
	best architects 13, Gold (Franz Mehring School sports hall, Leipzig)
	Erlweinpreis 2012, Special Commendation (Boarding school, Dresden)
2013	BDA-Preis Sachsen 2013, Commendation (Franz Mehring School sports hall, Leipzig)
2015	best architects 16 (Hafenatelier Kap Zwenkau)
	Architekturpreis der Stadt Leipzig (St. Trinitatis Catholic church, Leipzig)
	Fritz-Bender-Baupreis 2015, Special Prize (St. Trinitatis Catholic church, Leipzig)
2016	BDA-Preis Sachsen 2016 (St. Trinitatis Catholic church, Leipzig)
	S.ARCH Award 2016, Special Mention (St. Trinitatis Catholic church, Leipzig)
	Europäischer Balthasar Neumann Preis 2016 (St. Trinitatis Catholic church, Leipzig)
	RIBA Awards for International Excellence 2016, Selection (St. Trinitatis Catholic church, Leipzig)
	BDA-Architekturpreis Nike 2016, Nike für Symbolik (St. Trinitatis Catholic church, Leipzig)
	ICONIC Awards 2016, Winner (St. Trinitatis Catholic church, Leipzig)
	International Prize for Sacred Architecture 2016, 3rd Prize (St. Trinitatis Catholic church, Leipzig)
	best architects 17 (St. Trinitatis Catholic church, Leipzig)
	WAF Awards 2016, Religious Building of the Year (St. Trinitatis Catholic church, Leipzig)
2017	Sächsischer Staatspreis für Baukultur 2017, Commendation (Special laboratories, University of Leipzig)
	Architekturpreis Gebäudeintegrierte Solartechnik 2017, Commendation (St. Trinitatis Catholic church, Leipzig)
2018	Großer DAI Preis für Baukultur 2018 (for outstanding services to building culture in Germany and for life work)
2019	German Architects, Bau des Jahres 2018 (Nordkopf Tower, Wolfsburg)
	best architects 20 (Karlsruhe University)

EXHIBITIONS

Solo exhibitions

2001	*bodenlos – Die Architektur bewohnter Baustellen*, Galerie Kleindienst, Leipzig
2005	*Greatest Hits Vol. 2*, Haus der Architekten, Dresden
	Wolkenlabor Cloud Laboratory, Aedes West, Berlin
2011	*Der autarke Raum*, Architektur Galerie, Berlin
2015	*2:1 – Maßstab in Zeichnung und Fotografie*, Werkbund Galerie, Berlin
2016–2018	*2:1 – Perfect Scale*, Architekturgalerie München, BDA Galerie Wechselraum, Stuttgart, Kirche und Kultur in St. Gertrud, Cologne

Group exhibitions

2004 – 2007	"Made in Germany – Architektur Ökologie", exhibition series by the Goethe Institute on new German architecture, including in Barcelona, Riga, Athens, Rabat, New Delhi, Bombay, Manila, Sydney, Bangkok, Beijing
2007	"NEU BAU LAND Architektur und Städtebau in den neuen Bundesländern 1990 – 2007", Deutsches Architekturmuseum, Frankfurt/Main, and "Blechbüchse" former department store, Leipzig
	"Große Nike Architekturpreis des Bundes Deutscher Architekten BDA", Deutsches Architekturmuseum, Frankfurt/Main
2008	"Contemporary Slovenian Architecture – Arbeitskreis Junge Architektinnen und Architekten", Federal Ministry of Transport, Building and Urban Development, Berlin
2009	"Reflexe der Moderne – Eine Architektengeneration", Escuela Politécnica Superior, Madrid, ES; Castello del Valentino, Turin, IT
2010	"Sehnsucht", German Pavilion, 12th Architecture Biennale "People meet in architecture", Venice, IT
	"ROOTS – Young creative architectural talent educated in the Euregion Meuse-Rhine", SCHUNCK im Glaspaleis Heerlen, NL
2012	"Reduce Reuse Recycle", German Pavilion, 13th Architecture Biennale, "Common Ground", Venice, IT
2014	"This is modern", Deutsche Werkbund Ausstellung, Venice, IT
2016	"Time Space Existence", 15th Architecture Biennale, "Reporting from the Front", Venice, IT
2018	"Time Space Existence", 16th Architecture Biennale, "Freespace", Venice, IT

BIBLIOGRAFIE

Buchpublikationen:

2011 Annette Menting: SCHULZ & SCHULZ ARCHITEKTUR. Salenstein: Niggli Verlag

2012 Ansgar und Benedikt Schulz: BAUKONSTRUKTION 2010–2012. Lehrstuhl Baukonstruktion der TU Dortmund

2015 Ansgar und Benedikt Schulz: Perfect Scale. Architektonisches Entwerfen und Konstruieren. München: Edition DETAIL

Nicolette Baumeister: Baukulturführer 97, Propsteikirche St. Trinitatis, Leipzig. Amberg: Wilhelm Verlag

2016 Ansgar und Benedikt Schulz: Snapshot. Berlin: Jovis Verlag

Joachim Brohm und Valentina Seidel: Trinity. Köln: Snoeck Verlag

2017 Opus 83. Schulz und Schulz St. Trinitatis Leipzig. Stuttgart/London: Edition Axel Menges

2018 Ansgar und Benedikt Schulz (Herausgeber): Religion und Stadt. Positionen zum zeitgenössischen Sakralbau in Deutschland. Berlin: Jovis Verlag

2019 Baureif. Baukonstruktive Vertiefung. Professoren Ansgar und Benedikt Schulz. Lehrstuhl Baukonstruktion an der Fakultät Architektur und Bauingenieurwesen der TU Dortmund. Dortmund 2018

Zeitschriften:

1996 Museo de Prado Madrid España. Catálogo de la Exposición. Propuestas presentadas al concurso internacional de arquitectura del Museo del Prado. Herausgeber: Ministerio de Educación y Cultura (Wettbewerbsbeitrag Erweiterung Prado Madrid)

1999 Leipzig: Bauten 1989–1999. Öffentliche Bauten: Zentraler Betriebshof Stadtreinigungsamt. Von Ingeborg Flagge mit Annette Hellmuth. Herausgeber: Engelbert Lütke Daldrup. Basel u. a.: Birkhäuser

2000 Eine Wohnung für alle. Geschichte des kommunalen Wohnungsbaus in Leipzig 1900–2000. Herausgeber: Pro Leipzig e.V. und Leipziger Wohnungs- und Baugesellschaft (Sanierungen Wohnanlagen «Rote Front»/Mockau, Rosenowstraße/Mockau und Wachsmuthstraße/Kleinzschocher)

2001 Modernisierung von bewohnten Gebäuden. Gestaltung, Technik und Organisation einer neuen Bauaufgabe. Von Ansgar und Benedikt Schulz mit Lutz Schilbach. Stuttgart: DVA

2003 DETAIL 12/2003. Putz und Farbe. Dokumentation: Sporthalle in Leipzig (Neue Nikolaischule Leipzig)

2004 DETAIL 11/2004. Eingänge. Dokumentation: Hauptschule Lerchenfeld in Freising

Bauwelt 6/2004. Schulen. Thema: Grund- und Hauptschule Lerchenfeld, Freising. Von Katharina Matzig

2005 Bauwelt 27–28/2005. Fassaden. Thema: Veranstaltungssaal Neue Nikolaischule

Bauwelt 26/2005. Maßarbeit. Thema: Wolkenlabor. Von Nils Ballhausen

2006 db deutsche bauzeitung 10/2006. Zwischen Görlitz und Eisenach. Wolkenlabor des Instituts für Troposphärenforschung. Von Annette Menting

2007 l'industria delle costruzioni. Rivista tecnica dell'Ance 398, 11+12/2007: Edifici per la Scuola. Scuola secondaria a Freising, Germania. Von Laura Lermano (Hauptschule Lerchenfeld Freising)

2008 Architektur + Wettbewerbe 213, März 2008. Kindergärten und Jugendhäuser. Wettbewerbe: Kindertageseinrichtungen in Systembauweise in München

Bauwelt 11/2008. Dienststellen. Thema: Polizeirevier Chemnitz-Süd. Von Sebastian Redecke

2009 Bauwelt 42/2009. Richtig streng. Thema: Ein Forschungswürfel – Sonderlabore in Leipzig. Von Brigitte Schultz

Bauwelt 35/2009. Schulen im Ausland. Thema: Solitär im Kontext – Bundeshandelsschule in Feldkirch. Von Hubertus Adam

Baumeister 4/2009. Portrait: schulz & schulz – An der Moderne kein Zweifel. Von Falk Jaeger

DETAIL 4/2009. Kostengünstig Bauen. Dokumentation: Sanierung eines Polizeireviers in Chemnitz

DETAIL 4/2009. Kostengünstig Bauen. Technik: Strategien der Kostenplanung. Von Ansgar und Benedikt Schulz

Bauwelt 9/2009. Die automobile Gesellschaft. Thema: Lehrsammlung Historische Fahrzeuge der Hochschule Zwickau. Von Ulrich Brinkmann

2010 DETAIL 9/2010. Hörsaalgebäude, Forschungsinstitute, Hightech-Labore. Räumliche Konzepte für die Wissensgesellschaft. Sonderlabore der Universität Leipzig

L'architetto italiano. Ausgabe 33–34/2009. Scuole secondarie superiori: Una scuola a corte aperta – Scuola secondaria a Freising, Germania. Von Maurizio Petrangeli

db deutsche bauzeitung 1/2010. Forschen. Von Mikrowelten zum urbanen Raum – Sonderlaborgebäude Universität Leipzig. Von Annette Menting

2011 Bauwelt 46/2011. Zugang zu den Siebzigern. Den Stilbruch meistern. Vier neue Räume für ein Gebäude der Universität Erlangen-Nürnberg. Von Ulrich Brinkmann

Bauwelt 32/2011. Ins Gericht gehen. Wettbewerbe Entscheidungen: Raumkreuz in der Schotterebene. Kirche Seliger Pater Rupert Mayer in Poing. Von Ulrich Brinkmann

Edition DETAIL. Arbeitswelten. Raumkonzepte, Nutzungsstrategien, Kommunikation. Sonderlabore der Universität Leipzig. Von Christian Schittich

der architekt 03/2011. Ein Kanon an Möglichkeiten. Ansgar und Benedikt Schulz über Konstruktion, Ordnung und Raum. Von Andreas Denk und Olaf Bahner

2012 Bauwelt 45/2012. Für die Betreuung. Die Hotelfachschule Berlin. Das Pendant zum Blankenstein. Von Sebastian Redecke

Edition DETAIL. Einfach Bauen Zwei. Einfach günstig. Von Ansgar und Benedikt Schulz. Von Christian Schittich

Il Giornale dell'Architettura No. 103, 03/2012. Lipsia. Perla chiesa, porfido e geotermia. Von Nicola Signorile

2013 db deutsche bauzeitung 09/2013. Neu in Dresden. Feuer- und Rettungswache Altstadt. Von Falk Jaeger

CASABELLA 824, April 2013. Secca, Semplice, Efficacia. Nuova palestra della scuola comunale Franz Mehring Lipsia. Von Marco Biagi

2014 Bauwelt 47/2014. Baukastenprinzip. Baukastensystem für 5 Kindergärten in München. Von Hans-Christian Wilhelm

Bauwelt 37/2014, 03.10.2014. Gangbarer Konservativismus? Müssen Häuser sich benehmen? Interview von Ulrich Brinkmann, Oliver Elser und Kaye Geipel

Bauwelt 32/2014, 22.08.2014. Wohnen und Arbeiten. Das Hafenatelier. Von Brigitte Schultz

domus (dt. Ausgabe) 01–02/2014. Die Stadt und der Mensch. Sporthalle Franz-Mehring-Schule. Von Isabella Marboe

2015 der architekt 05/2015. Form, Konstruktion und Technik – Louisa Hutton im Gespräch mit Ansgar Schulz

der architekt 05/2015. Räume, die bewegen – Ansgar und Benedikt Schulz im Gespräch mit Andreas Denk und David Kasparek

der architekt 05/2015. Schönheit ist ewige Rührung – Fuensanta Nieto im Gespräch mit Benedikt Schulz

Neue Zürcher Zeitung, 27.08.2015. Die Kirche St. Trinitatis in Leipzig. Von Jürgen Tietz

Baumeister 08/2015. Sakraler Städtebau in Leipzig – Schulz und Schulz schaffen einen markanten Baustein in der Innenstadt. Von Falk Jaeger

DBZ Deutsche BauZeitschrift 08/2015. Propsteikirche St. Trinitatis, Leipzig. Von Sarah Centgraf

Bauwelt 27 2015, 17.07.2015. St. Trinitatis. Von Jan Friedrich

BIBLIOGRAPHY

Book publications:

2011	Annette Menting: *SCHULZ & SCHULZ ARCHITEKTUR*. Salenstein: Niggli Verlag
2012	Ansgar and Benedikt Schulz: *BAUKONSTRUKTION 2010–2012*. Chair of Architectural construction, TU Dortmund
2015	Ansgar and Benedikt Schulz: *Perfect Scale. Architektonisches Entwerfen und Konstruieren*. Munich: Edition DETAIL
	Nicolette Baumeister: *Baukulturführer 97, Propsteikirche St. Trinitatis, Leipzig*. Amberg: Wilhelm Verlag
2016	Ansgar and Benedikt Schulz: *Snapshot*. Berlin: Jovis Verlag
	Joachim Brohm and Valentina Seidel: *Trinity*. Cologne: Snoeck Verlag
2017	*Opus 83. Schulz und Schulz St. Trinitatis Leipzig*. Stuttgart/London: Edition Axel Menges
2018	Ansgar and Benedikt Schulz (Eds.): *Religion und Stadt. Positionen zum zeitgenössischen Sakralbau in Deutschland*. Berlin: Jovis Verlag
2019	*Baureif. Baukonstruktive Vertiefung. Professoren Ansgar und Benedikt Schulz*. Chair of Architectural Construction, Faculty of Architecture and Civil Engineering, TU Dortmund. Dortmund 2018.

Journals:

1996	Museo de Prado Madrid España. "Catálogo de la Exposición. Propuestas presentadas al concurso internacional de arquitectura del Museo del Prado". Ministerio de Educación y Cultura (Ed.). (Competition entry, extension for the Prado Madrid)
	Leipzig: Bauten 1989–1999. Öffentliche Bauten: Zentraler Betriebshof Stadtreinigungsamt. By Ingeborg Flagge with Annette Hellmuth. Engelbert Lütke Daldrup. Basel. Birkhäuser et al.
2000	"Eine Wohnung für alle. Geschichte des kommunalen Wohnungsbaus in Leipzig 1900–2000". Pro Leipzig e.V. and Leipziger Wohnungs- und Baugesellschaft (Eds.). (Renovation of housing estates "Rote Front"/Mockau, Rosenowstrasse/Mockau and Wachsmuthstrasse/Kleinzschocher)
2001	*Modernisierung von bewohnten Gebäuden. Gestaltung, Technik und Organisation einer neuen Bauaufgabe*. By Ansgar and Benedikt Schulz with Lutz Schilbach. Stuttgart: DVA
2003	*DETAIL* 12/2003. "Putz und Farbe. Dokumentation: Sporthalle in Leipzig (Neue Nikolaischule Leipzig)"
2004	*DETAIL* 11/2004. "Eingänge. Dokumentation: Hauptschule Lerchenfeld in Freising"
	Bauwelt 6/2004. "Schulen. Thema: Grund- und Hauptschule Lerchenfeld, Freising". By Katharina Matzig
2005	*Bauwelt* 27–28/2005. "Fassaden. Thema: Veranstaltungssaal Neue Nikolaischule"
	Bauwelt 26/2005. "Maßarbeit. Thema: Wolkenlabor". By Nils Ballhausen
2006	db deutsche bauzeitung 10/2006. "Zwischen Görlitz und Eisenach. Wolkenlabor des Instituts für Troposphärenforschung". By Annette Menting
2007	*l'industria delle costruzioni. Rivista tecnica dell'Ance* 398, 11+12/2007: "Edifici per la Scuola. Scuola secondaria a Freising, Germania". By Laura Lermano (Lerchenfeld comprehensive school, Freising)
2008	*Architektur + Wettbewerbe* 213, March 2008. "Kindergärten und Jugendhäuser. Wettbewerbe: Kindertageseinrichtungen in Systembauweise in München"
	Bauwelt 11/2008. "Dienststellen. Thema: Polizeirevier Chemnitz-Süd". By Sebastian Redecke
2009	*Bauwelt* 42/2009. "Richtig streng. Thema: Ein Forschungswürfel – Sonderlabore in Leipzig". By Brigitte Schultz
	Bauwelt 35/2009. "Schulen im Ausland. Thema: Solitär im Kontext – Bundeshandelsschule in Feldkirch". By Hubertus Adam
	Baumeister 4/2009. "Portrait: schulz & schulz – An der Moderne kein Zweifel". By Falk Jaeger
	DETAIL 4/2009. "Kostengünstig Bauen. Dokumentation: Sanierung eines Polizeireviers in Chemnitz"
	DETAIL 4/2009. "Kostengünstig Bauen. Technik: Strategien der Kostenplanung". By Ansgar and Benedikt Schulz
	Bauwelt 9/2009. "Die automobile Gesellschaft. Thema: Lehrsammlung Historische Fahrzeuge der Hochschule Zwickau". By Ulrich Brinkmann
	DETAIL 9/2010. "Hörsaalgebäude, Forschungsinstitute, Hightech-Labore. Räumliche Konzepte für die Wissensgesellschaft. Sonderlabore der Universität Leipzig"
	L'architetto italiano. Issue 33–34/2009. "Scuole secondarie superiori: Una scuola a corte aperta – Scuola secondaria a Freising, Germania". By Maurizio Petrangeli
2010	*db deutsche bauzeitung* 1/2010. "Forschen. Von Mikrowelten zum urbanen Raum – Sonderlaborgebäude Universität Leipzig". By Annette Menting
2011	*Bauwelt* 46/2011. "Zugang zu den Siebzigern. Den Stilbruch meistern. Vier neue Räume für ein Gebäude der Universität Erlangen-Nürnberg". By Ulrich Brinkmann
	Bauwelt 32/2011. "Ins Gericht gehen. Wettbewerbe Entscheidungen: Raumkreuz in der Schotterebene. Kirche Seliger Pater Rupert Mayer in Poing". By Ulrich Brinkmann
	Edition DETAIL. "Arbeitswelten. Raumkonzepte, Nutzungsstrategien, Kommunikation. Sonderlabore der Universität Leipzig". By Christian Schittich
	der architekt 03/2011. "Ein Kanon an Möglichkeiten. Ansgar und Benedikt Schulz über Konstruktion, Ordnung und Raum". By Andreas Denk and Olaf Bahner
2012	*Bauwelt* 45/2012. "Für die Betreuung. Die Hotelfachschule Berlin. Das Pendant zum Blankenstein". By Sebastian Redecke
	Edition DETAIL. "Einfach Bauen Zwei. Einfach günstig. Von Ansgar und Benedikt Schulz". By Christian Schittich
	Il Giornale dell' Architettura No. 103, 03/2012. "Lipsia. Perla chiesa, porfido e geotermia". By Nicola Signorile
2013	*db deutsche bauzeitung* 09/2013. "Neu in Dresden. Feuer- und Rettungswache Altstadt". By Falk Jaeger
	CASABELLA 824, April 2013. "Secca, Semplice, Efficacia. Nuova palestra della scuola comunale Franz Mehring Lipsia". By Marco Biagi
2014	*Bauwelt* 47/2014. "Baukastenprinzip. Baukastensystem für 5 Kindergärten in München". By Hans-Christian Wilhelm
	Bauwelt 37/2014, 03.10.2014. "Gangbarer Konservativismus? Müssen Häuser sich benehmen? Interview von Ulrich Brinkmann, Oliver Elser und Kaye Geipel"
	Bauwelt 32/2014, 22.08.2014. "Wohnen und Arbeiten. Das Hafenatelier". By Brigitte Schultz
	domus (German edition) 01–02/2014. "Die Stadt und der Mensch. Sporthalle Franz-Mehring-Schule". By Isabella Marboe
2015	*der architekt* 05/2015. "Form, Konstruktion und Technik – Louisa Hutton im Gespräch mit Ansgar Schulz"

2015 DETAIL 7–8/2015. Katholische Propsteikirche in Leipzig. Von Frank Kaltenbach
2016 Hochparterre 4, 10/2016. Schulanlage Freilager Zürich
DBZ Deutsche BauZeitschrift 06/2016. Deutsche Botschaft Wien – Ein Neubauwettbewerb
Bauwelt 20/2016, 20.05.2016. Deutsche Botschaft Wien. Von Bernhard Schulz
architektur aktuell 1–2/2016. Baustoff Licht: St. Trinitatis in Leipzig. Von Wolfgang Jean Stock
2017 www.detail.de, 06.09.2017. Architekten haben eine andere Raumwahrnehmung. Von Holger Mertins, Barbara Mertins, Renate Delucchi Danhier, Ansgar Schulz, Benedikt Schulz
Bauwelt 12/2017, 16.06.2017. Remstaler Folies – 16 Stationen für die Landesgartenschau Remstal 2019. Von Ursula Baus
Bauwelt 11/2017, 02.06.2017. Blechlose Backsteinhaut. Von Ulrich Brinkmann
2018 Edition DETAIL. Mein Bauhaus. 100 Architekten zum 100. Geburtstag eines Mythos, Schulz und Schulz Leipzig. Von Sandra Hofmeister
Baumeister 11/2018. Learning from Latin America. Von Ansgar und Benedikt Schulz
Bauwelt 14/2018, 13.07.2018. Maximaler Reizverzicht. Von Bettina Maria Brosowsky
Le sfide dell'architettura 23.06.2018. Chiese e luoghi de culto e della memoria, Chiesa St. Trinitatis. Von Silvia Russo
domus (dt. Ausgabe) 031, 05/06 2018. Wo bleibt die Baukultur. Von Nancy Jehmlich
Luoghi Dell Infinito 227, 04/2018. Una chiesa per ricucire Lipsia. Von Mario Botta
2019 DBZ Deutsche BauZeitschrift. Ausgabe 05 2019. TROPOS – Laborgebäude zur Wolkenforschung Leipzig, Massivbau im Quadrat. Von Christine Ryll.
DBZ Deutsche BauZeitschrift. Ausgabe 05 2019. Massiv bauen ist keine leichte Sache. Titelthema.
domus (dt. Ausgabe) 035, 01/02 2019. Schulz und Schulz Architekten Campus Rütli – CR^2, Berlin. Von Oliver G. Hamm.

2015 *der architekt* **05/2015. "Räume, die bewegen – Ansgar und Benedikt Schulz im Gespräch mit Andreas Denk und David Kasparek"**
der architekt **05/2015. "Schönheit ist ewige Rührung – Fuensanta Nieto im Gespräch mit Benedikt Schulz"**
Neue Zürcher Zeitung, **27.08.2015. "Die Kirche St. Trinitatis in Leipzig". By Jürgen Tietz**
Baumeister **08/2015. "Sakraler Städtebau in Leipzig – Schulz und Schulz schaffen einen markanten Baustein in der Innenstadt". By Falk Jaeger**
DBZ Deutsche BauZeitschrift **08/2015. "Propsteikirche St. Trinitatis, Leipzig". By Sarah Centgraf**
Bauwelt **27 2015, 17.07.2015. "St. Trinitatis". By Jan Friedrich**
DETAIL **7–8/2015. "Katholische Propsteikirche in Leipzig". By Frank Kaltenbach**
2016 *Hochparterre* **4, 10/2016. "Schulanlage Freilager Zürich"**
DBZ Deutsche BauZeitschrift **06/2016. "Deutsche Botschaft Wien – Ein Neubauwettbewerb"**
Bauwelt **20/2016, 20.05.2016. "Deutsche Botschaft Wien". By Bernhard Schulz**
architektur aktuell **1–2/2016. "Baustoff Licht: St. Trinitatis in Leipzig". By Wolfgang Jean Stock**
2017 **www.detail.de, 06.09.2017. "Architekten haben eine andere Raumwahrnehmung". By Holger Mertins, Barbara Mertins, Renate Delucchi Danhier, Ansgar Schulz, Benedikt Schulz**
Bauwelt **12/2017, 16.06.2017. "Remstaler Folies – 16 Stationen für die Landesgartenschau Remstal 2019". By Ursula Baus**
Bauwelt **11/2017, 02.06.2017. "Blechlose Backsteinhaut". By Ulrich Brinkmann**
Edition DETAIL. **"Mein Bauhaus. 100 Architekten zum 100. Geburtstag eines Mythos, Schulz und Schulz Leipzig". By Sandra Hofmeister**
2018 *Baumeister* **11/2018. "Learning from Latin America". By Ansgar and Benedikt Schulz**
Bauwelt **14/2018, 13.07.2018. "Maximaler Reizverzicht". By Bettina Maria Brosowsky**
Le sfide dell'architettura **23.06.2018. "Chiese e luoghi de culto e della memoria, Chiesa St. Trinitatis". By Silvia Russo**
domus **(German edition) 031, 05/06 2018. "Wo bleibt die Baukultur". By Nancy Jehmlich**
Luoghi Dell Infinito **227, 04/2018. "Una chiesa per ricucire Lipsia". By Mario Botta**
2019 *DBZ Deutsche BauZeitschrift.* **05/2019. "TROPOS – Laborgebäude zur Wolkenforschung Leipzig, Massivbau im Quadrat". By Christine Ryll.**
DBZ Deutsche BauZeitschrift. **05/2019. "Massiv bauen ist keine leichte Sache. Titelthema".**
domus **(German edition) 035, 01/02 2019. "Schulz und Schulz Architekten Campus Rütli – CR2, Berlin". By Oliver G. Hamm.**

Schulz und Schulz
18. Band der Reihe De aedibus international
Herausgeber: Heinz Wirz, Luzern
Konzept: Heinz Wirz; Schulz und Schulz, Leipzig
Projektleitung: Quart Verlag, Antonia Chavez-Wirz
Textbeitrag: Katharina Benjamin, Dresden
Objekttexte: Schulz und Schulz
Textlektorat Deutsch: Kirsten Rachowiak, München
Übersetzung Deutsch–Englisch: Benjamin Liebelt, Berlin
Fotos: Iwan Baan, Amsterdam S. 45–47; Roland Halbe, Stuttgart S. 54 (14); Bernd Hiepe (BBR), Berlin S. 48; Werner Huthmacher, Berlin S. 20–25, 32–37, 52 (4, 5); Lindenkreuz Eggert, Dresden S. 49–51; Michael Rasche, Dortmund S. 52 (1); Hans-Christian Schink (Punctum Leipzig) Erfurt S. 52 (3); Archiv Schulz und Schulz Leipzig S. 52 (6), 53 (6, 7, 9, 12, 13), 54 (16, 17, 19, 20), 55 (21, 24, 26); Valentina Seidel, Leipzig S. 56, 57; Stefan Müller, Berlin S. 38–43, 44, 53 (10, 11), 54 (15), 55 (22); Stefan Müller-Naumann, München S. 14–19, 52 (2), 53 (8), 54 (18); Gustav Willeit, Corvara - Zürich S. 26–31, 55 (23, 25)
Redesign: BKVK, Basel – Beat Keusch, Angelina Köpplin-Stützle
Grafische Umsetzung: Quart Verlag, Antonia Chavez-Wirz
Lithos: Printeria, Luzern
Druck: Printer Trento S.R.L., Trient

ISBN 978-3-03761-209-5

**Schulz und Schulz
Volume 18 of the series De aedibus international
Edited by: Heinz Wirz, Luzern
Concept: Heinz Wirz; Schulz und Schulz, Leipzig
Project management: Quart Verlag, Antonia Chavez-Wirz
Article by: Katharina Benjamin, Dresden
Project descriptions: Schulz und Schulz
German text editing: Kirsten Rachowiak, München
German–English translation: Benjamin Liebelt, Berlin
Photos: Iwan Baan, Amsterdam p. 45–47; Roland Halbe, Stuttgart p. 54 (14); Bernd Hiepe (BBR), Berlin p. 48; Werner Huthmacher, Berlin p. 20–25, 32–37, 52 (4, 5); Lindenkreuz Eggert, Dresden p. 49–51; Michael Rasche, Dortmund p. 52 (1); Hans-Christian Schink (Punctum Leipzig), Erfurt p. 52 (3); Archiv Schulz und Schulz, Leipzig p. 52 (6), 53 (6, 7, 9, 12, 13), 54 (16, 17, 19, 20), 55 (21, 24, 26); Valentina Seidel, Leipzig p. 56, 57; Stefan Müller, Berlin p. 38–43, 44, 53 (10, 11), 54 (15), 55 (22); Stefan Müller-Naumann, München p. 14–19, 52 (2), 53 (8), 54 (18); Gustav Willeit, Corvara - Zürich p. 26–31, 55 (23, 25)
Redesign: BKVK – Beat Keusch, Angelina Köpplin-Stützle
Graphical layout: Quart Verlag, Antonia Chavez-Wirz
Lithos: Printeria, Luzern
Printing: Printer Trento S.R.L., Trento**

ISBN 978-3-03761-209-5

Der Quart Verlag wird vom Bundesamt für Kultur mit einem Strukturbeitrag für die Jahre 2016 bis 2020 unterstützt.

Quart Verlag has received the support of the Swiss Federal Office of Culture with a structural contribution for the years 2016–2020.

Quart Verlag GmbH
Denkmalstrasse 2, CH-6006 Luzern
books@quart.ch, www.quart.ch

De aedibus international
Zeitgenössische Architekten und ihre Bauten

De aedibus international
Contemporary architects and their buildings

18 Schulz und Schulz – Leipzig (de/en)
17 bernardo bader architekten – Bregenz (de/en)
16 Schenker Salvi Weber – Wien (de/en)
15 Henley Halebrown – London (de/en)
14 Walter Angonese – Kaltern/Caldaro (de/en)
13 architecten de vylder vinck taillieu – Gent (de/en)
12 De Smet Vermeulen architecten – Gent (de/en und nl/fr)
11 Uwe Schröder – Bonn (de/en)
10 Stephen Taylor Architects – London (de/en)
9 Titus Bernhard Architekten – Augsburg (de/en)
8 Dietrich|Untertrifaller – Bregenz (de/en)
7 Geurst & Schulze Architecten – Den Haag (de/en)
6 Wingender Hovenier Architecten – Amsterdam (de/en)
5 Tony Fretton Architects – London (de/en)
4 Jonathan Woolf Architects – London (de/en)
3 Hufnagel Pütz Rafaelian – Berlin (de/en)
2 Hild und K – München (de/en)
1 Stanton Williams – London (de/en)

books@quart.ch, www.quart.ch